U0910310

高校教师党支部纪律建设工作的创新与探索

康 宇 著

UNITY PRESS 团结出版社

© 团结出版社，2024 年

图书在版编目（C I P）数据

高校教师党支部纪律建设工作的创新与探索 / 康宇著. -- 北京 : 团结出版社, 2024. 7. -- ISBN 978-7-5234-1133-9

Ⅰ. D267.6

中国国家版本馆 CIP 数据核字第 20244PW838 号

责任编辑：尹　欣
封面设计：雅　琪

出　版：团结出版社
（北京市东城区东皇城根南街 84 号　邮编：100006）
电　话：（010）65228880　65244790
网　址：http://www.tjpress.com
E-mail：zb65244790@vip.163.com
经　销：全国新华书店
印　装：武汉鑫佳捷印务有限公司

开　本：170mm × 240mm　16 开
印　张：13　　字　数：220 千字
版　次：2024 年 7 月 第 1 版　　印　次：2024 年 7 月 第 1 次印刷

书　号：978-7-5234-1133-9
定　价：72.00 元
（版权所属，盗版必究）

在党的领导下，我国的教育事业取得了巨大的成就，教师队伍也逐渐壮大和专业化。然而，在教育现代化进程中，教师队伍的政治素养和党性纪律建设显得尤为重要。教师党支部作为党在教育系统的基层组织，其纪律建设直接关系到党的团结统一和教育事业的发展。本书旨在深入探讨教师党支部纪律建设的创新与探索，以期为当前教育事业的发展提供理论指导和实践参考。

第一章为导论。首先介绍了本书的研究背景和意义。随着教育事业的不断发展和社会变革的持续推进，教师队伍的党性纪律建设面临着新的挑战和机遇。本书旨在深入研究教师党支部纪律建设，探索创新机制，以适应新时代教育事业的发展需求。其次，阐述了本次研究的目的与内容，明确了研究的重点和范围。通过对教师党支部纪律建设的系统分析和探讨，旨在为提升教师队伍的政治素养和党性觉悟提供理论支持和实践指导。最后，介绍了本次研究的方法与框架，包括文献资料法、调查问卷法、案例分析法等多种研究方法的综合运用，以及本书的结构框架和逻辑脉络。

第二章为教师党支部纪律建设的基本概念与理论基础。首先，对党支部纪律的概念与内涵进行了界定和解析，明确了党支部纪律建设的基本要求和核心内容。其次，结合党风廉政建设与反腐败斗争的理论，探讨了教师党支部纪律建设的理论基础和价值取向。通过对相关理论的深入分析，揭示了教师党支部纪律建设在新时代背景下的重要意义和深远影响。

第三章为教师党支部纪律建设的现状分析。首先，从历史沿革与演变的角度，梳理了教师党支部纪律建设的发展历程和阶段特点。其次，分析了当前教师党支部纪律建设面临的主要问题与挑战，包括思想观念淡化、制度执行不到位、监督机制不健全等方面的现实困境。最后，对教师党支部纪律建设的现状进行了评估与反思，为后续研究和探索提供了理论基础和实践依据。

第四章为教师党支部纪律建设的制度创新。首先，从制度框架与体系建设的角度，提出了构建科学合理的党支部纪律建设制度体系的重要性和必要性。其次，针对现行制度存在的不足和问题，提出了相应的制度设计与完善方案。最后，探讨了制度执行与监督机制的建立和完善路径，以确保党支部纪律建设制度的有效实施和执行。

第五章为教师党支部纪律建设的组织保障。首先，从党组织与党支部建设的角度，分析了党组织在教师党支部纪律建设中的作用和作用机制。其次，探讨了干部队伍建设与培养的重要性，提出了加强教师党员干部队伍建设的策略与举措。最后，从工作机制与平台建设的角度，探讨了如何构建高效的教师党支部工作机制和服务平台，以提升党支部纪律建设的组织保障能力。

第六章为教师党支部纪律建设的文化塑造。首先，从文化理念与内涵构建的角度，探讨了教师党支部纪律建设应具备的文化精神和核心价值观。其次，分析了文化传承与弘扬的重要性，提出了加强教师党支部文化传承与弘扬的策略与举措。最后，探讨了文化氛围与凝聚力培育的关键问题，提出了营造良好的教师党支部文化氛围和凝聚力的具体措施。

第七章为教师党支部纪律建设的实践路径与策略。首先，通过实践探索与典型经验分享，总结了一些成功的案例和经验，探讨了其成功的原因及可借鉴的经验教训。其次，从策略制定与对策落实的角度，提出了一系列针对性强、可操作性强的策略和对策，包括加强党性教育、建立健全监督机制、加强制度建设等方面。最后，展望未来发展路径与策略建议，提出了一些具体的发展目标和路径，指明了下一步工作的重点和方向，为教师党支部纪律建设的持续发展提供了指导和保障。

通过对以上各章节内容的系统分析和深入探讨，本书旨在全面深入地研究教师党支部纪律建设的现状、问题与对策，明确了教师党支部纪律建设的重要意义和紧迫性。同时，本书提出了一系列创新性的理论观点和实践措施，为推动教师党支部纪律建设提供了有力的理论支持和实践指导。希望本书能够为当前教育事业的健康发展和教师队伍的建设提供有益的借鉴和启示，为推动教师队伍的政治素养和党性纪律建设作出贡献。

2024.4

目录 CONTENTS

第一章　导论

第一节　研究背景与意义

一、研究背景

（一）高校基层治理中的现实迫切性

高校基层治理是一个长期、复杂的系统工程。近年来，随着国家教育现代化战略目标的不断推进，高校基层治理的现实问题逐渐凸显，职称评审、职务晋升、课程设定、学科规划、绩效标准、资源分配、待遇保障等基层治理环节已成为高校教师普遍关注的焦点。高校内部治理结构改革已经陷入内生变量不足、路径依赖凸显、改革出现碎片化等困境。当前高校内部治理结构主要包括三个层级：第一级是学校党委层面的宏观治理，治理主体一般为党委办公室和校长办公室，党委领导下的校长负责制是其运行方式；第二级是院系级党组织层面的中观治理，治理主体包括职能部门和院系，运行方式是职能部门牵头下的院系负责制；第三级是科室级层面的微观治理，治理主体包括科室、教研室、实验室、中心、所等，运行方式为上级单位领导下的科室负责制。不难发现，在高校内部的宏观治理和中观治理两个层面，横向有各级党委会和党政联席会相互协作，纵向有各级教授委员会、教代会等相互贯通，但是在第三级微观治理方面，行政主体和业务主体占据了绝对的主导权，基层党支部的引领作用严重缺位。党在高校基层的治理结构存在明显的“空心化”问题，广大基层教职员工的真实想法不能得到及时有效地表达，校党委和院系级党组织各项工作安排的战略规划和现实考量也很难及时、全面、快速、准确地传达到广大基层教职员工层面，在信息沟通传达上并不畅通。因此，要真正突破高校基层治理的现实困境，就必须加快接续院系级党组织与广大基层教职员工间的治理断层，在具体工作中发挥党支部的战斗堡垒作用，真正实现党在领导高校基层治理中的全覆盖。

（二）党支部职责任务的内在规定性

党支部是党最基本的基层组织，是党全部工作和战斗力的基础。教师党支部是党团结和联系广大教职员工的桥梁纽带，对于办好中国特色社会主义大学而言有着重要的支撑作用。《中国共产党普通高等学校基层组织工作条例》明确提出了包括“向党员布置做群众工作和其他工作”等在内的教师党支部主要职责。近年来，陆续出台的《关于加强新形势下高校教师党支部建设的意见》（教党〔2017〕41号）和《关于高校党组织“对标争先”建设计划的实施意见》（教党〔2018〕25号），更是明确提出了把思想政治工作落到支部，把群众工作落到支部的基本要求和组织师生有力、宣传师生有力、凝聚师生有力等“七个有力”具体标准上。因此，从党支部的职责任务来看，加强教师党支部建设，推动教师党员积极参与高校基层治理，本身就是教师党支部的职责范围，高校应对标对本想方设法加快推进教师党支部建设，将教师党支部在高校基层治理中的战斗堡垒作用充分发挥出来。但是，以现实情况来看，党务工作和业务工作“两张皮”仍然是当前教师党支部建设面临的最大现实问题，教师党支部的党务工作在较大程度上演变成了“务虚性”工作，缺乏实效，教师党员在高校基层治理中普遍处于“失位”状态。教师党支部在职称评审、岗位聘任等涉及教师切身利益的大事中发声不够，一些支部也仅仅满足于开展政治学习和形式教育，在引导党员教师发挥先锋模范作用、积极投身教学科研中心工作上投入不够。

二、研究意义

高校教师党支部组织力研究继承了马克思主义党建的理论基础，同时，吸收了中国特色社会主义高校党建工作的具体实践经验。着眼于新时代，对于创新高校党建，丰富基层党建内涵，提升基层党建实施有着理论和现实的双重意义。

（一）理论意义

1. 丰富和完善党的组织建设理论体系

在十九大报告中，首次提出了“组织力”这一重要概念，并将高校作为基层党组织的重要组成部分纳入了报告范围。这无疑彰显了高校在基层党建中的关键地位，而教师作为高校的主体力量，其党支部组织的建设显得尤为重要。本书通过对高校教师党支部组织力的深入研究，深挖了党建基础理论中关于组织力的相关论述，从而丰富和完善了基层党建理论在高校应用的途径。通过分析教师党支部的组织特征、内涵以及其与组织力的关系，不仅加深了对组织力概念的理解，也为高校党组织建设提供了理论支撑。这种理论上的完善和丰富，不仅有助于指导高校教师党支部的建设实践，还能够帮助解决基层党组织在组织力建设方面存在的问题，推动党建工作不断迈向新的高度。

2. 有利于拓展立德树人的理论载体

立德树人是教育事业的根本任务，也是高校教育的核心价值观。在教师队伍中，党支部作为党在基层组织的重要形式，承担着传承党的理想信念、引领思想政治教育、推动立德树人的重要责任。本书研究高校教师党支部组织力，不仅有助于加强教师队伍的党性教育和思想政治引领，也能够促进立德树人理论的深入发展。通过组织力的提升，教师党支部能够更好地组织和引导教师参与思想政治教育活动，推动立德树人工作深入开展。同时，对教师党支部的组织力进行研究，也能够为立德树人理论提供新的理论支撑和实践路径，促进高校教育事业不断迈向新的高度。

（二）现实意义

研究高校教师党支部组织力，不仅在理论上具有重要意义，更在实践中具有深远影响。通过深入探究高校教师党支部的组织力发展规律，可以为高校基层党组织的战斗堡垒建设提供宝贵经验，推动高校社会主义办学的不断深化。作为高校党建的重要主体之一，教师党支部的组织力研究具有显著的现实意义和重要的价值贡献。

第一，高校党建的两大主体是学生和教师，而教师作为高校教育事业的中坚力量，其党支部的组织力对于整个高校党建具有重要意义。然而，目前教师党支部的研究相对学生党支部来说较为匮乏，这导致了对于教师党支部组织力的理解和关注不足。因此，本书直接针对教师党支部的组织力进行研究，填补了这一研究领域的空白，具有明显的理论和实践指导意义。

第二，研究高校教师党支部组织力有助于加强高校党组织内部各要素之间的有机联系，构建良好的高校党建生态。教师党支部作为高校党建的基础单元，其组织力的提升可以促进党员之间的凝聚力和团结协作，从而更好地推动高校党建事业的发展。这不仅有利于高校思想政治教育体系的进一步完善，也为高校立德树人的目标提供了坚实保障。

第三，教师党支部的组织力研究有助于促进高校思想政治教育体系的进一步完善。在新时代，党和国家高度重视思想政治教育的实施，而良好的政治生态和优秀的政治素养是思想政治教育实施的关键基础。教师党支部作为高校思想政治教育的重要载体，其组织力的提升不仅能够对教师群体具有指导意义，也能够辐射整个教育对象，进一步促进高校思想政治教育体系的完善和发展。

第二节　研究目的与内容

一、研究目的

本研究旨在通过深入探讨教师党支部纪律建设的现状、问题和挑战，全面分析其存在的主要矛盾和不足，明确发展的方向和路径，提出促进教师党支部纪律建设的对策和建议，从而为教育事业的发展和党的事业全局提供理论支持和实践指导。

第一，本研究将深入调查和分析教师党支部纪律建设的现状，包括组织结构、制度建设、党员素质等方面的内容。通过全面梳理教师党支部纪律建设的实际情况，揭示存在的问题和挑战，为后续研究提供深刻的理论基础。

第二，本研究将重点分析教师党支部纪律建设中存在的主要矛盾和不足，探讨其根源和影响因素。通过深入挖掘问题的本质和原因，为制定有效的对策和建议提供理论支持和思路指导。

第三，本研究将明确教师党支部纪律建设的发展方向和路径，提出可行的发展策略和措施。结合当前国家和高校党建的政策导向和实践需求，提出具体、可操作的建议，为教师党支部纪律建设的持续发展提供指导和保障。

第三，本研究旨在为教育事业的发展和党的事业全局提供理论支持和实践指导。通过深入研究教师党支部纪律建设，促进党建事业与教育事业的深度融合，推动教育事业的健康发展，为实现中华民族伟大复兴的中国梦不断贡献力量。

二、研究内容

本研究主要围绕教师党支部纪律建设展开，涵盖以下几个方面的内容，旨在全面深入地探讨教师党支部纪律建设的现状、问题和对策，为教育事业的发展和党的事业全局提供理论支持和实践指导。

（一）教师党支部纪律建设的理论基础

这一部分将探讨教师党支部纪律建设的概念内涵、历史渊源和理论基础。通过对党支部纪律建设理论的回顾和总结，明确其在党建工作中的地位和作用，为后续研究提供理论指导和思想支持。

（二）教师党支部纪律建设的现状分析

这一部分将分析教师党支部纪律建设的当前形势、存在的主要问题和挑战，并客观评价现状，深入剖析问题的根源和影响因素，为下一步的改进和提升提供依据和参考。

（三）教师党支部纪律建设的制度创新

这一部分将研究教师党支部纪律建设的制度建设情况，探讨制度创新的思路和方法，重点关注如何通过制度建设提升纪律建设的有效性和规范性，完善相关制度，提高执行力和监督机制。

（四）教师党支部纪律建设的组织保障

这一部分将探讨教师党支部组织建设的现状和问题，提出加强组织保障的对策和建议。重点关注如何优化组织结构，加强干部队伍建设，完善工作机制和平台建设，提升党组织的凝聚力和战斗力。

（五）教师党支部纪律建设的文化塑造

这一部分将分析教师党支部文化的特点和内涵，探讨如何通过文化建设凝聚力量、促进发展。重点关注如何倡导和弘扬党的优良传统和核心价值观，营造积极向上的党组织文化氛围。

（六）教师党支部纪律建设的实践路径与策略

这一部分将总结教师党支部纪律建设的成功经验和典型做法，提出实践路径和策略建议，推动纪律建设取得实质性进展。重点关注如何结合实际情况制定具体可行的实践路径和策略，充分发挥党组织的引领作用，推动教育事业的发展和党的事业全局的实现。

三、研究理论基础

（一）“加强党的全面领导”的时代要求

中国共产党是中国特色社会主义事业的领导核心，我们必须坚持的最高政治原则是坚定不移地坚持党对一切工作的领导。截至 2021 年 6 月，中国共产党现有基层组织 486.4 万个，比 2019 年净增 18.2 万个，增幅为 3.9%。其中基层党委 27.3 万个，总支部 31.4 万个，支部 427.7 万个。人数越多、规模越大，越要不断提高党的执政能力和执政水平，要坚持加强党的全面领导。发展中国特色社会主义高等教育，实现高等教育管理水平现代化，必须坚持和加强党对高校的全面领导，不断完善高校党建工作，依托高校教师党支部建设，促进高校基层治理的改善。2018 年 2 月，中共中央组织部、中共教育部党组印发的《高校党建工作重点任务》明确指出：全面实施教师党支部书记“双带头人”培育工程，力争三年内使教师党支部书记普遍成为“双带头人”。高校教师党支部书记“双带头人”培育工程的实施，是加强高校教师党支部建设的重要举措，是促进高校基层治理的重要依托，同时是新时代加强党对高校领导的重要抓手。

（二）“一切工作到支部”的鲜明导向

“合抱之木，生于毫末；九层之台，起于累土。”习近平总书记强调：“中国特色社会主义大厦需要四梁八柱来支撑，党是贯穿其中的总的骨架，党中央是顶梁柱。同时，基础非常重要，基础不牢、地动山摇。在基层就是党支部，上面千条线，下面一根针，必须夯实基层。”高校党建的重要基础组织和高校党建的组织体系的重要基本单元就是教师党支部。2017 年，中共中央办公厅印发的《关于推进“两学一做”学习教育常态化制度化的意见》明确提出，要把党支部建设作为最重要的基本建设，充分发挥党支部教育管理党员的主体作用，树立党的一切工作到支部的鲜明导向。《中国共产党支部工作条例（试行）》（2018 年）第一条也明确指出，为了坚持和加强党的全面领导，弘扬“支部建在连上”光荣传统，落实党要管党、全面从严治党要求，全面提升党支部组织力，强化党支部政治功能，充分发挥党支部战斗堡垒作用，巩固党长期执政的组织基础。教师党支部担负着宣传党的方针政策、联通上下党组织等多项任务，抓好高校基层党支部建设是做好高校党建工作、实现“一切工作到支部”的基础性环节。在促进高校基层治理具体实践中，教师党支部要结合实际，严格落实党中央和上级党组织的有关文件精神，时刻明晰自身的职责任务和时代使命，要强化对广大教师的思想政治引领，始终密切联系人民群众，依托党支部工作方式方法创新，把高校教师党支部工作做活、做深、做细，引导广大教师勇担塑造灵魂、塑造生命、塑造新人的时代重任。

（三）“领导基层治理”的战斗堡垒

“地基固则大厦坚，地基松则大厦倾。”教师党支部作为党委领导下校长负责制的中国特色社会主义大学的“基地”，对于办好中国特色社会主义大学、培养扛起民族复兴大任的时代新人、实现中华民族伟大复兴的中国梦具有十分重要的意义。习近平总书记指出，党的基层组织是党的肌体的“神经末梢”，要发挥好战斗堡垒作用。加强党对高校的领导，加强和改进高校党建，就要扎实做好抓基层、打基础的工作，使高校每个教师党支部都成为名副其实的坚强的战斗堡垒。《关于加强新形势下高校教师党支部建设的意见》明确指出：党支部是党最基本的组织，是党全部工作和战斗力的基础。高校教师党支部是教育、管理、监督和服务教师党员的基本单位，是把党的路线方针政策落实到高校基层的战斗堡垒，是党团结和联系广大教师的桥梁纽带，是办好中国特色社会主义大学的重要支撑。这就意味着，高校教师党支部建设是高校党建工作中的基础环节。无论是教育、管理、监督党员，还是组织、宣传、凝聚、服务广大师生，都是促进高校基层治理不可或缺的重要内容，都必须依托高校教师党支部“领导基层治理”战斗堡垒作用的发挥。

第三节　研究方法与框架

一、研究方法

（一）文献研究法

为了实现深入研究，必须建立在学术界已经取得的重要科研成果之上。本书采用文献研究法，聚焦于高校基层党组织建设，通过在知网、维普等相关学术网站进行文献搜索，并在图书馆等平台进行书籍整理，以获取关于高校教师党支部组织力建设的相关论述。通过系统梳理、筛选和归纳，挖掘和汇总已有的研究成果和学术观点，以此为基础，坚实本文的研究理论基础，明确研究的框架和理论脉络。

首先，本书内容在知网、维普等专业学术数据库中进行文献检索，使用包括“高校教师党支部建设”“教师党组织发展”“党建理论与实践”等关键词进行检索，获取与本研究相关的学术文献、期刊论文和硕博士学位论文等资料。其次，本书内容利用图书馆等平台收集相关书籍、专著和研究报告，包括党建理论研究、教育管理与发展等领域的重要著作，以补充和丰富文献资料来源。接着，通过对获取的文献资料进行仔细阅读和分析，系统梳理其中的理论观点、研究方法和实证结果，挖掘出与本文研究主题相关的重要观点和研究成果。在此基础上，建立起一个完整的理论框架，明确研究的问题和目标，并从已有研究中汲取经验和启示，为本书的深入研究提供理论指导和方法支持。

（二）资料分析法

资料分析法是本书研究的重要方法之一，通过对政策法规、会议论述等资料进行归纳总结和分析，以领会会议精神、学习文件要求，选取其中关于基层党组织组织力的相关资料。在本研究中，我们特别关注了十九大报告中关于组织力的相关论述，以及中共中央和教育部等部门发布的关于加强党的政治建设和高校教师党支部建设的文件和意见。通过对这些资料的深入分析，我们旨在进一步探究其中所蕴含的理论和实践价值，为本文的研究提供了重要的理论支持和实证依据。

首先，我们将对十九大报告中关于组织力的相关论述进行系统地梳理和分析。十九大报告是中国共产党在新时代背景下的重要政治文件，对于基层党组织建设和组织力的重要性进行了全面阐述，具有很高的理论价值和指导意义。其次，我们将深入研究中共中央和教育部等部门发布的关于加强党的政治建设和高校教师党支部建设的文件和意见。这些文件具有权威性和指导性，对于高校基层党组织建设的要求和方向进行了明确规定，为本研究提供了重要的政策依据。接着，我们将对其他相关规定和文件进行收集整理，并对其中与教师党支部组织力相关的内容进行梳理和分析。这些规定和文件可能包括教育法规、党建文件、教育部门规章等，通过对这些资料的综合分析，我们可以全面把握教师党支部组织力建设的现状和发展方向。最后，我们将对资料分析的结果进行归纳总结，并从中提炼出对于教师党支部组织力建设具有重要启示和指导意义的观点和结论，为本研究提供重要的理论支撑和实践指导。

（三）问卷调查法

为了增强本研究的实践性和针对性，本书采用了问卷调查法作为主要研究方法之一。通过发放调查问卷的形式，针对南京市部分本科、专科和高职的在校教师，开展了大规模的调查活动。本研究设计了专门的调查问卷，题目涵盖了高校教师党支部组织力提升的相关内容，旨在全面了解教师党支部的现状及其存在的问题，为进一步提升教师党支部的组织力提供科学依据和实践指导。

1. 问卷设计与分发

在设计问卷时，充分考虑了调查研究的目的和主题，确保问题的准确性和针对性。问卷内容涵盖了教师党支部组织架构、党员参与情况、党建活动开展情况、组织管理水平等内容。为了增加调查的覆盖面和灵活性，本研究采取了人工发放和电子问卷相结合的方式，以及谈话访谈的形式，确保调查对象能够全面参与并畅所欲言。

2. 数据收集与分析

通过发放和收集调查问卷，本研究获取了大量的原始数据。在数据收集完成后，研究团队对收集到的数据进行了系统地整理和分析。采用统计学方法对数据进行了量化分析，同时结合实地访谈和深度访谈的形式，进行了质性分析。通过数据分析，研究团队得以全面了解高校教师党支部组织力的现状和问题，为后续研究提供了重要的数据支撑和参考依据。

3. 研究价值与意义

问卷调查法作为本研究的重要方法之一，不仅使研究结果更具可信度和代表性，而且增强了研究的实践性和针对性。通过对教师党支部组织力的调查研究，可以为相关部门和高校管理者提供科学的决策依据，为教师党支部的发展提供有效的战略指导，促进高校党建工作的深入开展，从而推动高校教育事业的持续发展。

二、研究框架

本研究的组织框架图如下：

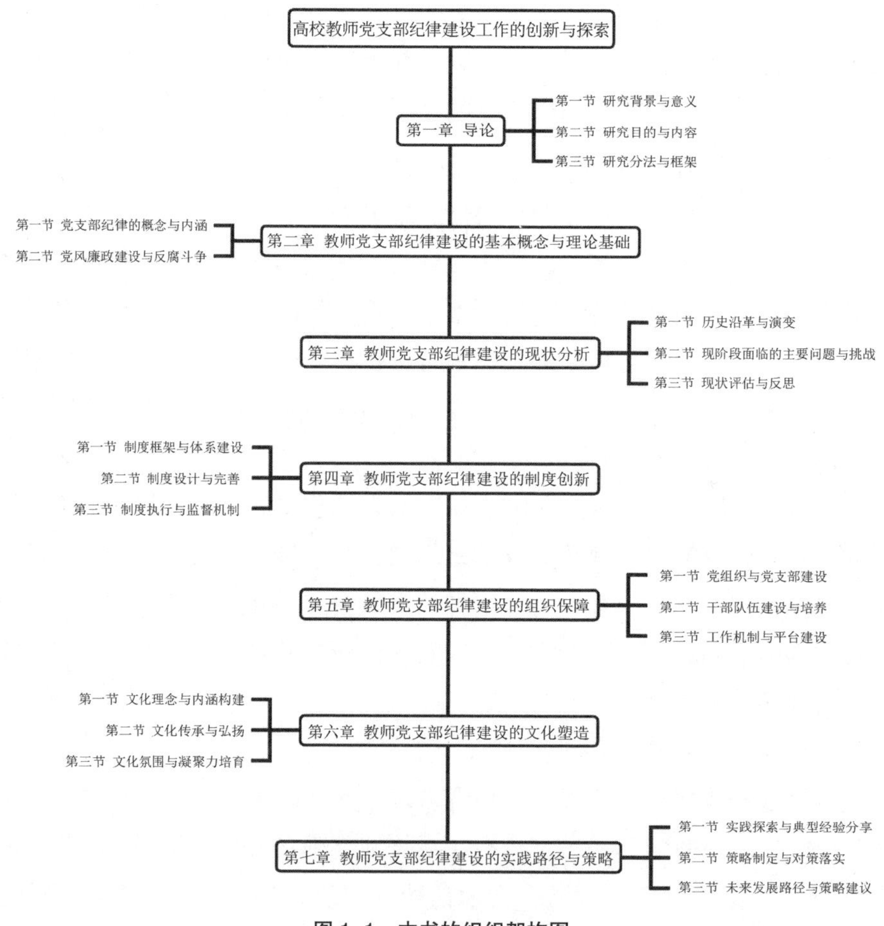

图 1-1 本书的组织架构图

第二章　教师党支部纪律建设的基本概念与理论基础

第一节　党支部纪律的概念与内涵

一、党支部纪律的概念界定

核心概念的界定是理论研究的基础，提出任何具有实践性的对策，必须基于明确的理论基础。因此研究高校教师党支部组织力，首先要明晰高校教师党支部、高校教师党支部组织力等概念的基本内涵，才能进一步分析高校教师党支部组织力的构成维度。

（一）高校教师党支部

1. 理论基础与使命定位

高校教师党支部的设立与发展是基于《中国共产党章程》对基层党组织的规定，并根据新时代高校教师的特点和发展需求而明确定位的。《中国共产党章程》规定，凡是有正式党员三人以上的单位都应当成立党的基层组织，而高校作为我国社会主义事业的重要阵地之一，其教师党支部的建设则承载着特殊的历史使命和理论责任。在新时代，高校教师党支部被界定为管理、监督、教育、服务和团结教师群体的有效载体。其使命不仅在于落实党的方针和路线，更重要的是作为实现立德树人、完善思想政治教育的关键力量。高校教师党支部是高校坚持走好社会主义办学方向的重要战斗堡垒，承载着培养优秀人才、传承科学文明的历史使命和理论责任。

2. 历史演进与建设路径

高校教师党支部的历史演进和建设路径既是党的历史发展缩影，也是高校教师队伍思想政治建设的重要组成部分。自中华人民共和国成立以来，中国共产党一直高度重视高校教师队伍的政治建设，不断加强对高校教师党支部的组织建设和政治引领。尤其是改革开放以来，随着高校事业的蓬勃发展，高校教师党支部的建设进入了一个新的发展阶段。2017 年中共教育部党组发布的《关于加强新形势下高校教师党支部建设的意见》为高校教师党支部的发展指明了方向，提出了新的要求和目标。在建设路径上，高校教师党支部注重加强党的思想政治引领，提升教师队伍的政治素养和思想道德水平。同时，也要加强组织建设，完善党支部组织结构，建立科学有效的管理机制，不断提高党支部的组织力和凝聚力。此外，高校教师党支部还要加强对教师队伍的教育管理，促进教师队伍的全面发展，助力高校事业的繁荣发展。

（二）基层党组织组织力

1. 组织力的概念与内涵

人类社会的繁荣发展依赖于有效的组织建设，而组织力作为组织建设的重要概念，具有多重内涵和表现形式。最初，组织一词指的是将丝麻织成布帛，后来逐渐引申到社会和企业领域。在现代社会，组织力不仅是指组织结构的建立，更重要的是指组织在应对外部环境变化、实现内部协作、推动目标达成等方面的能力。

组织力作为一种合力，是基于不同载体的现实需求，最终实现组织框架有效运行的能力。它涵盖了组织的凝聚力、创新力、执行力、协调力等多个方面，在不同类型的组织中表现形式各异，但其核心都是为实现组织的使命和目标而服务的。

2. 基层党组织组织力的理论探讨

基层党组织作为中国共产党在各个领域的战斗堡垒和群众基础，其组织力的强弱直接关系到党的团结统一、事业发展的顺利进行。提升基层党组织的组织力需要建立在深刻理解党的组织建设原则和要求的基础上。首先，基层党组织的组织力要求具有较强的凝聚力。这包括党员之间的思想认同和行动一致，以及党组织对群众的感召力和号召力。只有凝聚了党员的思想和行动，才能形成强大的战斗力，推动党的事业不断向前发展。其次，基层党组织的组织力需要具备较高的执行力。党的各项决策和部署需要得到基层党组织的有力执行，而这就需要基层党员和干部具备良好的执行力和责任意识，能够忠诚履行党的决策和部署，确保各项任务的落实。最后，基层党组织的组织力还需要具备较强的协调和管理能力。基层党组织需要在处理内部矛盾和冲突、推动各项工作协调发展等方面发挥积极作用，同时也需要能够有效管理党员队伍，保障党的事业顺利进行。

（三）教师党支部组织力

高校教师党支部组织力是“基层党组织组织力”在“高校”这一特定空间和“教师”这一特定人群整合外延出来的概念。高校教师党支部组织力既具有“组织力”的一般性，又具有“教师群体”的特殊性。结合组织力的基本内涵，我们在这里尝试对高校党支部组织力下一个定义：高校教师党支部组织力就是指高校中党员为教师的基层党组织，根据时代要求和历史任务，凭借教师科研与育人的双重身份，利用党组织结构与资源，对党内外教师梯队进行指导、团结、号召、战斗和育人的能力，以此赢得师生认同、社会支持和国家发展的力量。提升高校教师党支部组织力，是全面贯彻党的教育方针的重要需求，是社会主义办学实现立德树人的重要保障。

1. 凝聚力和组织认同

在高校教师党支部中，凝聚力和组织认同是构建强大党组织的重要因素。这不仅关乎党员教师个体的思想认同和组织归属感，更关乎整个党支部的凝聚力和战斗力。因此，加强党员教师之间的思想认同和组织归属感，成为提升高校教师党支部组织力的关键一环。

第一，思想认同是党员教师之间形成凝聚力的前提和基础。在党内教育中，应注重对党员教师进行思想政治教育，引导他们深刻理解党的理论和路线方针政策，坚定中国特色社会主义的信念，增强对党的忠诚度和归属感。通过系统的党课学习、理论研讨和思想交流，使党员教师深入了解党的光荣历史、优良传统和伟大成就，进一步坚定理想信念，形成对党的高度认同和自觉行动。

第二，组织归属感是党员教师走向组织的重要保障。高校教师党支部应加强组织建设，营造浓厚的组织氛围和凝聚力。通过定期召开支部会议、党员大会和组织生活会，组织党员教师参与党内活动，增强他们的归属感和责任感。同时，要重视党员教师的心理需求和情感情绪，关心关爱他们的生活和工作，增强他们对党支部的信任和依赖，使党组织成为他们精神上的家园和事业上的坚强后盾。

第三，加强党内教育和组织生活，是提升高校教师党支部组织力的根本途径。通过加强思想政治教育，增强党员教师的党性观念和组织意识，不断加强党的组织建设，增强党支部的战斗力和凝聚力，推动高校教师党支部健康发展并不断壮大，为高校教育事业的繁荣和发展提供坚强的组织保障。

2. 战斗力和实践能力

在高校教师党支部中，提升战斗力和实践能力是实现党组织有效引领和支持高校教育事业发展的关键之一。高校教师作为教育教学的主体和学术科研的重要力量，其专业特长和学术优势是发挥党支部作用、促进学校发展的重要基础。

第一，高校教师党支部应当积极引导党员教师发挥专业特长，将其融入学校教育教学工作中。通过开展教学研究和课程改革，引导党员教师深入课堂、深入实验室，不断提升教学水平和教学质量。党支部可以组织教师开展教学观摩、教学研讨等活动，促进教学相长，激发教师的创新活力和教学热情。

第二，高校教师党支部要充分发挥教师队伍的学术优势，积极参与学校的科研工作。党员教师可以通过组织学术讲座、学术交流等形式，分享学术成果，推动学校的学术氛围和科研水平不断提升。党支部可以建立科研合作平台，促进教师之间的学术交流和合作，推动科研项目的开展和成果的转化。

第三，高校教师党支部要注重将战斗力和实践能力转化为学校的发展和建设力量。通过加强党员教师的学习培训，提升其综合素质和能力水平，使其成为学校的中坚力量和发展引擎。同时，要加强党支部的组织领导和服务保障，为教师队伍的发展提供坚强的组织保障和政治保证，推动学校事业不断向前发展。

3. 育人能力和服务水平

在高校教师党支部的工作中，发挥育人能力和提升服务水平是至关重要的。教师作为学生学习和成长的引领者，其育人能力不仅体现在课堂教学中，还包括对学生思想道德的引导和个人发展的关怀。同时，提升教师队伍的专业素养和服务水平，直接影响着教育质量和学校形象。因此，高校教师党支部应积极发挥作用，加强对教师的思想政治教育和专业技能培养，提高教师的育人能力和服务水平。

第一，高校教师党支部应加强对教师的思想政治教育。通过组织政治理论学习、党史教育等形式，引导教师坚定理想信念，增强对党的信任感和归属感。同时，开展专题讲座、座谈会等活动，深入探讨当前教育教学领域的热点问题，引导教师正确处理思想与行动的关系，提升教师的思想政治素养和道德情操。

第二，高校教师党支部应关注对教师队伍专业技能的培养。通过开展教学方法培训、课程设计研讨等活动，提高教师的教学水平和课堂教学效果。同时，鼓励教师参与科研项目和学术交流，不断提升学科水平和科研能力。党支部可以采取组织专家讲座、学术沙龙等形式，为教师提供学术成长和专业发展的平台，激发教师的学术热情和创新能力。

第三，高校教师党支部应加强对教师的关怀和服务。建立健全的师德师风评价机制，加强对教师的心理疏导和情感关怀，关注教师的工作及生活状态，解决他们在工作和生活中遇到的问题和困扰。同时，党支部还应建立教师交流和合作的平台，促进教师之间的交流互动，形成合力，共同推动学校事业发展。

通过这些举措，高校教师党支部可以有效提升教师的育人能力和服务水平，为学校的发展和建设作出更大的贡献。

二、党支部纪律的内涵解析

（一）高校教师党支部组织力的构成要素

从基层党组织组织力的科学内涵和高校教师党支部建设的时代要求与历史使命来看，高校教师党支部的组织力可以系统地分为政治领导能力、凝聚号召能力、识别战斗能力和结构优化能力在内的“四力”。其中政治领导能力和识别战斗能力属于组织内力，凝聚号召能力和结构优化能力属于组织外力。

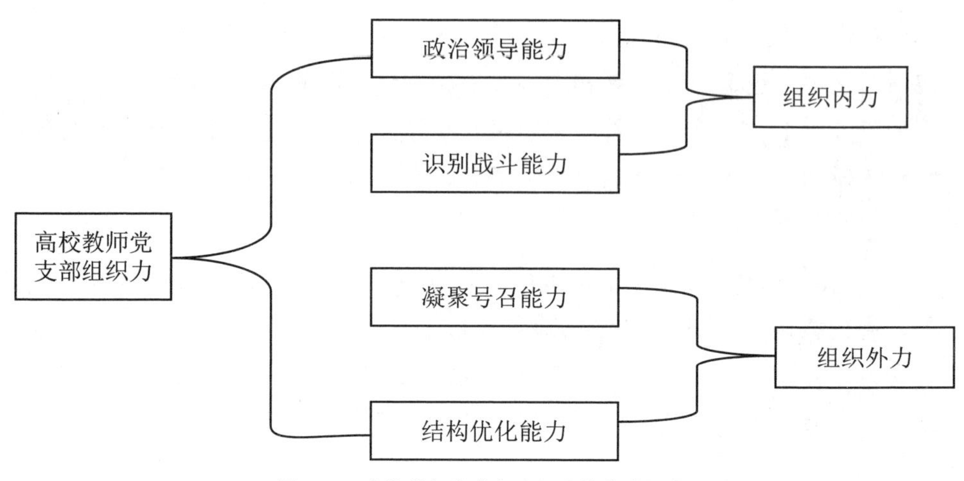

图 2-1　高校教师党支部组织力的构成要素

1. 政治领导能力是根本

在党的生命力与战斗力的保障中，政治领导能力被凸显为根本。这种能力不仅是一个政党的本质特征，更是其生存发展的关键所在。从党的性质、宗旨、要求、成分等多方面构成，政治领导能力体现为党的话语权、执行能力、影响程度和发展状况的综合表现。而在基层党组织的运作中，尤其是涉及 450 万个基层党组织的情况下，政治领导能力的强大显得尤为重要，因为它直接关系到党的行动一致性，是基层党组织发挥组织力的关键要求。

回顾历史，我们可以清晰地看到，在党面临生死存亡之际，强大的政治领导力起到了至关重要的作用。它如同一针强心剂，激发了党员的斗志，提振了党员的信心，最终使党成功走过了风雨。正如江泽民同志在中国共产党第十六次全国代表大会上所指出的，党的领导主要是政治、思想和组织三个方面。基于这一定义，结合新时代的发展要求，我们可以将教师党支部的政治领导能力理解为在党的教育方针领导下，发挥支部政治优势，引领教师群体走好社会主义办学方向的能力。

教师党支部的政治领导能力体现在多个方面。首先，它需要在教育方针的指导下，引领教师群体树立正确的政治信念和思想观念，使其始终与党中央保持一致。其次，教师党支部应当发挥其组织优势，加强对教师队伍的组织管理和政治引导，确保教师的思想和行动与党的方针政策相一致。同时，教师党支部还需要密切关注教师的实际工作情况，及时解决教育教学中的重大问题，推动学校事业的发展。

在提升教师党支部政治领导能力的过程中，需要充分发挥党的组织优势，加强对教师的思想政治教育和组织引导，引领教师群体坚定不移地走好社会主义办学方向，为推动教育事业的发展贡献力量。

2. 识别战斗能力是关键

识别战斗能力在无产阶级政党的生存与发展中具有关键性地位。这一能力不仅决定了政党在历史舞台上的命运，也直接影响着国家和民族的前途命运。中国共产党作为无产阶级政党，深刻认识到识别战斗能力的重要性，将其置于党的建设和发展的核心位置。

识别战斗能力并非仅仅是对外界环境的感知，更是一种政治敏锐性和斗争觉悟。它包含着对国内外各类挑战和困境的敏锐洞察力，能够清晰地辨认出敌对势力的各种威胁，以及社会发展中的种种风险与机遇。只有具备了这样的能力，政党才能在复杂多变的社会环境中立于不败之地，保持永不停歇的斗争状态。

党的十九大报告明确指出，在中国共产党领导下实现中华民族伟大复兴的历史进程中，必须准备进行具有许多新的历史特点的伟大斗争。这就要求党员干部和广大群众具备高度的识别战斗能力，能够清晰地认识到时代的要求和历史的使命，以更加坚定的信念和更加果断的行动投身于伟大斗争之中。

对于新时代高校教师党支部而言，识别战斗能力更显重要。教师作为社会主义事业的重要建设者和传播者，其政治立场和斗争意识直接影响着高校的发展方向和教育目标的实现。因此，教师党支部需要在政治方向、政治站位和政治定力上发挥榜样作用，牢记党的初心使命，坚定不移地站在维护党和人民利益的最前沿。

同时，在高校环境中，教师党支部应当将识别战斗能力体现在实际行动中。他们需要站稳基层一线，深入了解教育教学的实际情况，保持与师生同呼吸、共命运。通过组织体系的建设，不断加强党员教师队伍的凝聚力和战斗力，为实现中心任务和推动社会主义办学事业的发展贡献力量。

在党的建设和发展中，识别战斗能力不仅是一项任务，更是一种责任和担当。只有始终保持清醒头脑，紧紧抓住时代脉搏，不断提升自身的政治觉悟和斗争能力，才能赢得党和人民的信任，实现党的长期执政目标，为中华民族的伟大复兴贡献力量。

3. 凝聚号召能力是重点

（1）凝聚号召能力的重要性

凝聚号召能力是基层党组织内外能够汇聚共识、聚集合力的重要体现。在高校教师党支部中，提升凝聚号召能力不仅关系到党组织的活力和战斗力，也直接关系到教师队伍的凝聚力和向心力，从而影响到高校的整体发展和建设。

（2）凝聚力的基础与要素

凝聚号召能力的核心在于凝聚力的构建。广义上来说，凝聚力不仅包括对外的扩大服务群众的范围，还包括对内的组织凝聚。具体而言，要提升凝聚号召能力，既要在外部拓展党组织的服务范围，满足群众的需求，也要在内部不断加强党员和群众的思想认同和精神共识。这样的凝聚力，才能真正实现党员和群众在认识上和价值观上的统一，形成组织的凝聚号召能力。

（3）实践中的凝聚号召能力

实践中的凝聚号召能力不仅表现为组织对外服务的广度和深度，更体现在党组织对内的组织生活和政治生态建设。通过加强党内教育和组织生活，建立起良好的党内氛围和组织生态，使党员和群众更加紧密地团结在一起，形成强大的组织力量。同时，党的号召力也要求党员在实践中不断提升自身素质，增强服务能力，更好地履行党的宗旨和使命。

（4）结构优化能力的重要性

结构优化能力作为保障凝聚号召能力的重要支撑，直接影响着党组织的活力和战斗力。新时代，基层党组织面临着复杂的工作环境和任务，需要不断优化结构，实现合理安排。只有通过对人员结构和体系设置的优化，深入改革和创新组织生活，才能有效保障组织的良好生态环境，增强组织的向心力和稳定性。

结构优化能力的核心在于及时调整和合理布局，以适应新时代的发展需求和变化。通过优化组织结构和管理模式，可以更好地发挥党组织的作用，激发党员的积极性和创造性，推动基层党组织的组织力量不断提升。

（二）构成要素的形成机理

高校教师党支部组织力的四要素是相辅相成的，它们之间相互作用、相互制约，最终形成稳定可持续输出的组织力量。分析高校教师党支部组织力四要素的影响因子，是把握高校教师党支部组织力有序开展并发挥作用的关键。从影响因子的影响范围出发，主要分为组织内部影响因子和组织外部影响因子。其组织内部影响因子主要包括：价值因子、素质因子、制度因子；其组织外部影响因子主要包括：科技因子、文化因子等变量。

1. 价值因子

高校教师党支部有着明确的政治定位和伟大的价值追求，价值因子深刻作用于教师党支部，可以突出其先进性从而激发强大的号召力，同时也影响着组织成员的个人追求和价值实现。因此价值因子的强弱直接影响高校党支部自身的亲和力，并间接辐射到党内教师对党的认同度。优良的组织力实践，必然能够使教师党支部堡垒在前进的过程中站稳方向。

2. 素质因子

这里所讲的素质因子主要指的是组织成员的素质程度。高校教师是支持党支部实践的主体力量，但是每个教师专业背景不同，生活的社会环境不同，因此，党组织对他们的作用程度也呈现因人而异。党支部教师具有党员和教师身份，党员身份要求我们牢记教师党支部的使命和初心，教师身份要求我们坚守社会主义办学方向，具有高素质的成员能够有效将两种身份进行融合，实现有机统一。

3. 制度因子

制度是高校党支部堡垒建设的基本支撑，制度发展决定着教师党支部能否良性运行，并在一定情况下可以推演出未来发展的可能性。制度因子不仅包括党的制度，还包括组织体系制度，在制度明确且合理的情况下，党内管理会变得科学严谨，给高校教师党支部的发展提供明确导向。有效的制度因子不仅能够完善工作效率、提高工作水平，还可以促进价值观念和个人素质的培养。

4. 文化因子

新时代下，思潮与价值的碰撞在高校领域十分激烈。意识形态本身是文化的样态与缩影，是反映社会经济基础的观念综合体，浸润于不同形态的文化之中，一定程度上影响着社会的精神生产和文化发展。高校与党组织的文化因子深刻影响到教师党支部的生活水平和质量，能在潜移默中辐射党支部的工作环境。优秀的文化因子可以决定党支部的生态优劣，也可以影响价值因子与素质因子的判断。

5. 科技因子

教师党支部处于高校大生态中，为了实现支部的有序运行需要跟外部进行协调统一，才能实现和谐发展。科学技术的进步，改变了人们的交流方式与信息的传递方式，在不同的科技时代，都会相应演化出具有时代特色的技术，我们要了解组织体系习惯用什么，组织成员推崇用什么，将科技作为推动高校教师党支部运行的重要

三、党支部纪律的重要意义

新时代，中国正处于从“教育大国”迈向“教育强国”的关键历史节点。高等教育作为建设教育强国的中心环节、培养国家拔尖优秀人才的战略基地，对于推进教育改革、提升立德树人的教育质量具有更加艰巨的职责和使命，面临从“量”到“质”的发展转变，更加复杂和深刻的教育难题，需要高校基层党组织提升组织力，把握高校教学方向、汇聚育人合力、提升育人质量，更好更快建设世界一流大学，落实立德树人根本任务。

（一）有利于高校基层党组织把握高校的教学方向

1. 历史逻辑

中国共产党深谙思政育人的规律，在革命、探索、改革、发展各个时期，在中华大地创办了一批党领导的学校、高校，播撒了党和人民事业发展勃勃生机的思想火种，照亮了前行之路。新民主主义革命时期，党开始从高校开展建党活动，依靠正确的路线、方针、政策，影响团结广大师生。后来适应革命发展的形势，为培养不同专业、不同方向的军事斗争人才，在陕甘宁边区成立了中国人民抗日军政大学、鲁迅艺术文学院、自然科学院、中国医科大学等学校。高校学生或是研究军事政策，在战场端起“枪杆子”令敌人闻风丧胆；或是举起“笔杆子”使敌人胆战心惊，党对高校思政工作的领导对培养革命人才、促进革命发展起到了重要作用。社会主义探索和建设时期，党对高校思政

工作的领导上升到制度层面。为巩固无产阶级专政，党接收、调整并改革了国内所有高校。高校管理体制经历了校长负责制、党委领导下的校务委员会负责制、党委领导下的以校长为首的校务委员会负责制三种体制变化。改革开放和社会主义现代化建设新时期，党从中国国情出发，吸收借鉴了西欧等发达国家办学治校的经验，确立了党委领导下的校长负责制，有效保障了党对高校政治方向的领导，推动了高校学术、科研、教学的发展。高校在研发科学技术、培养优秀拔尖人才、推动经济发展方面的作用日益突出。中国特色社会主义进入新时代，完成从“教育大国”向“教育强国”的转变，更需要传承党对高校思想政治工作领导的历史经验，抓住高校育人关键，推动高校教育提质增效。

2. 现实逻辑

大学生是一个特殊群体，其思想、意识敏感，世界观、人生观、价值观尚未完全定性，容易被社会思潮、社会事件所影响，所以高校基层党组织尤其要重视研判高校教学育人背景、育人现状、育人方向，为大学生的身心健康发展保驾护航。一是历史虚无主义和泛娱乐主义会影响大学生的历史认知。历史虚无主义借助“后真相”指鹿为马，知识学术权威转变为普通网民，市场流量新媒体主导网络发言动向，观点流行和观点本身是否合理无关。泛娱乐主义借助“视觉为王”以偏概全。大众文化快速发展，文化生产和文化消费呈现泛娱乐化趋势，肢解片面的真相成为假象。二是民粹主义集聚与反智主义流行制造不良情绪感染。网络文化使议程传播去中心化。看不见全程媒体，管不住全员媒体，删不掉全息媒体，堵不严全效媒体。

3. 政治逻辑

新时代，高校基层党组织作为党在高校的最基层单位，承担着重要的政治责任和使命。其主要任务之一是与维护党中央权威和集中统一领导息息相关。具体来说，在高校基层党组织的教育视域下，把好党内政治方向意味着确保各院（系）教学科研单位的业务与党的政治立场、政治原则、政治方向保持一致。高校的各院（系）是培养大学生的中心环节，因此，教学科研单位若背离中国特色社会主义发展方向，将对党的执政基础构成严重威胁。高校院（系）级党组织有责任对本单位教学方向承担政治责任，即“把好教师引进、课程建设、教材选用、学术活动等重要工作的政治关”。

（1）要把好教师引进关

教师在课堂教学中扮演主导角色，因此高校院（系）党委、党支部除了考察入职教师的教学水平和科研能力外，尤其要突出政治标准，加强对新入职教师的思想政治素养和道德理论水平等方面的综合审查。

（2）要把好课程建设关

课程建设是课堂教学的基础，对教学活动的质量起着关键性作用。高校院（系）党委、党支部应立足学科专业发展，加强对课程设置、排序、评价等前端要素和教学方法、内容的政治审核。

（3）要把好教材选用关

教材是教学的重要工具，对学生的学习起着至关重要的作用。院（系）党委、党支部需加强对选用教材的政治审核，对教材的结构顺序编排、文字内容、插图、注释、标点符号等进行科学严谨的审查校对。

（4）要把好活动选用关

高校院（系）党组织应加强对院（系）学术科研活动、社团活动、文体活动等的政治审查与审核，确保活动的内容符合党的政治要求，有利于培养学生的社会主义核心价值观和思想政治素养。

（二）有利于高校基层党组织汇聚协同育人合力

高校立德树人任务的完成是一项交互的动态过程，有赖于校域多主体的参与。从招生、培养、管理、服务到就业，从第一课堂、第二课堂到网络课堂，以及社会实践、创新创业，教育工作不只是哪一个部门、哪一些人的事。只有高校各基层部门党组织提升组织力，汇聚育人合力，高校立德树人的任务才能圆满完成。高校基层党组织要牢固树立教育教学“一盘棋”思想，提升基层党组织的组织力，强化部门党支部教育、管理、服务动能，加强协同育人配合。

1.“党建＋行政”有利于促进高校行政部门转变管理职能

为破除高校改革发展的体制机制束缚，激发高校教学、科研工作人员的积极性和主动性，2017 年教育部等五部门对高校发布简政放权、放管结合、优化服务的若干意见。转变管理职能、简化流程、增强服务成为高校各机关单位的首要任务。

（1）高校党建带动管理机构树立“以人为中心”的工作理念，转变管理职能

高校党建与行政机构紧密结合，共同致力于树立“以人为中心”的工作理念，这对于促进高校行政部门转变管理职能具有重要意义。首先，高校行政机关和部门应加快职能整合，精简机构和缩编人员，以提高工作效率和响应速度。在此过程中，高校机关部处室党支部以创新的学习形式为基础，加强党员的思想政治教育，使其深刻领会“以人为中心”的工作理念。通过系统学习党史和重大文件，党员们能够更好地理解党的宗旨和初心，从而贯彻落实在实际工作中。此外，采用线上学习、研讨交流等多种方式，帮助党员加深对革命英雄人物和时代楷模的认识，激励其在工作中不断进取，不断提升自己，为实现“以人为中心”的目标贡献力量。

（2）高校党建带动管理机构办事服务转型升级以提高效率

在高校党建的引领下，管理机构办事服务得到了转型升级，以提高工作效率和服务质量。首先，高校行政党支部积极推动理论学习成果的转化，确保党员在学习过程中能够真正地领会和应用理论知识，将其转化为实际工作的行动指南。同时，党支部还通过建立“我为群众办实事”的台账，落实党员对群众关切的需求，确保服务工作贴近实际，更有温度。其次，高校行政部门党支部通过改革办事方式，建立现代化管理体制，为行政办事提速。例如，针对教师的财务报销问题，采用网上预约报销和审批制度，以及微信公众号统一支付功能，简化了流程，提高了效率。对于学生们关心的图书馆资源获取困难问题，采用引入图书馆资源信息化管理系统等措施，实现了纸质资源和电子资源的跨区流动和高效传递，满足了学生的借阅需求。

2.“党建＋服务”有利于推进高校后勤服务部门服务转型升级

高校立德树人任务的完成，离不开后勤服务部门的保障。高校后勤服务部门包括食堂、基建处、校医院、绿化管理部门等。近年来，随着高校推行后勤社会化改革，高校后勤部门从高校直属事业单位变为高校主管的自负盈亏的外包经济实体。高校后勤部门既要扎实做好服务师生工作，又要提高经营管理效益，适应市场化需求，既要讲政治、讲服务、讲育人，还要讲效益。所以高校后勤党委、党支部必须顺应社会化改革趋势，研究高校后勤工作中出现的新情况、新问题，推进后勤服务转型升级，实现精细化、科学化、人性化管理，打

通师生服务的“最后一公里”。

（1）充分发挥高校后勤党委的政治核心作用

高校后勤党委作为政治核心，承担着引领后勤部门的责任和使命。首先，后勤党委应积极协助后勤部门开展工作，参与重大决策事项的讨论，确保决策的政治方向正确，过程科学合理，结果公平公正。同时，坚持党管人才、党管干部，确保后勤工作始终在党的领导下开展。党委的政治核心作用将为后勤服务部门的转型升级提供坚强的政治保障和领导力量。

（2）建立优势互补的党政关系

高校后勤部门应建立党政关系的优势互补机制，充分发挥党建工作对后勤经营管理的文化教育作用和对员工的激励作用。通过党建工作与后勤经营管理相结合，弥补后勤制度经营管理的刚性约束，推动后勤服务的转型升级。党政关系的优势互补将为高校后勤服务部门的发展提供有力的支持和保障。

（3）增强高校后勤党委对后勤工作的监督和保障

高校后勤党委应加强对后勤工作的监督和保障，特别要对存在贪污腐化高发风险的关键部门和重点环节加强监督和监管。定期开展资产管理、采购办、财务处等部门的核查和清算工作，构建清正清廉的后勤风气。同时，党委应帮助解决后勤员工的困难，保护其合法权益，促进后勤员工关系的团结友爱。

（4）促进高校后勤工作精细化发展，探索后勤信息化服务模式

高校后勤部门应促进工作的精细化发展，探索信息化服务模式。推出智慧洗衣机、饮水机、自助打印服务等基于云平台、大数据设计的设备，实现校园后勤服务的自动化运营。同时，提供后勤维修报修、医疗卫生服务、交通服务等精细化的网上预约服务，为师生提供更便捷、更高效的服务体验。这些举措将为高校后勤服务部门的转型升级注入新的活力和动力，推动高校后勤工作朝着更加精细化、科学化、人性化的方向发展。

3.“党建＋教学”有利于推动院（系）单位教学科研质量提升

院（系）科研教学单位承担学术科研、人才培养的中心任务。圆满完成教学科研任务，不仅需要依靠院（系）扎实做好学科专业课程建设、完成学术理论前端架设和铺垫，还需要与其他院（系）、学校机关职能部门通力合作、友好交流。毋庸赘言，在高校党政分工负责的组织架构下，只有党组织具有强大

的组织力，才能支撑院（系）教学科研任务更好完成。一方面，院（系）级党组织从学者专业语境入手，从教学科研现状出发，组织院（系）内外党支部进行跨学科、交叉学科的教学科研、党务党建经验交流分享，有利于增强党组织黏性和党员的团队合作精神。另一方面，充分发挥高校教师党支部书记“领头雁”作用，增强教师的学术身份认同和对组织的归属感，推动院（系）教学科研单位党支部“党建＋教学”工作实现双融合、双促进，提升专业教学科研质量。一是将党支部建立在学科专业上，培养选拔学术能力强、思想道德水平高的教师担任党支部书记，增强学者们的身份认同。在劣性学术内卷化的现状下，青年教师们以学术职业追求为内心动力，以学者身份为精神激励，选择在压力型体制下负重前行。二是发挥党支部书记“教学＋党建”模范带头作用，增强支部党员对组织的归属感，推动提升支部教学科研质量。教师党支部书记身体力行“党建＋教学”标准，分享自身的科研教学经验，组织丰富的支部“党建＋教学”学习活动，提升党员们教学科研“时间质量”，努力建设学习型党支部。尤其是马克思主义理论学科，在打通党建理论与实践研究的“任督二脉”上仍然有较大潜力。

（三）有利于推进提升高校育人质量

为推进提升我国教育发展水平、增强国家核心竞争力，2015 年国务院印发了《统筹推进世界一流大学和一流学科建设总体方案》。方案中明确指出要“全面推进高校党的建设各项工作”“有效发挥高校基层党组织战斗堡垒作用和党员先锋模范作用”。高校院（系）基层党组织领导学科建设和人才培养工作，因而提升高校基层党组织的组织力，有利于提升高校育人质量。

1. 有利于加强高校基层党组织对教育教学工作的支持

据《中国共产党普通高等学校基层组织工作条例》，高校院（系）级单位党组织应当保证本单位教学任务的完成。新时代，提升院（系）单位党组织的组织力，强化对人才培养工作的政治领导、组织保障、思想引领，有利于提升院（系）人才培养与教育教学的社会认同度。

（1）提升基层党组织的政治领导力

基层党组织应当始终以马克思列宁主义、毛泽东思想、邓小平理论、“三个代表”重要思想、科学发展观、习近平新时代中国特色社会主义思想为指导，坚定不移地走中国特色社会主义道路。在教育教学工作中，基层党组织应当加强对教师和学生的思想政治引领，确保教育教学工作符合党的教育方针和政治要求，推动教育教学工作沿着正确的政治方向前进。

（2）强化基层党组织的组织凝聚力

基层党组织应当积极组织党员教师和学生开展各种形式的党员活动和思想教育活动，加强党员队伍的建设和教师队伍的引领，形成教育教学工作的合力。同时，基层党组织还应当加强与国内外高校、科研院所、社会机构的交流合作，促进教育教学资源的共享和优势互补，提升教育教学工作的整体水平。

（3）增强基层党组织的服务能力

基层党组织应当紧密围绕教育教学工作的实际需求，创新服务方式和手段，提升服务效率和质量。通过加强师资队伍建设、教学设施建设、教育教学管理等方面的工作，满足广大师生的教学和学习需求，为教育教学工作提供有力支持和保障。

（4）营造良好的教育教学工作氛围

基层党组织应当注重加强教师和学生的思想道德建设，倡导崇尚科学、尊重知识、崇德向善的良好风气，营造积极向上、团结和谐的教育教学工作氛围。通过加强师德师风建设和学风建设，推动教育教学工作朝着更加规范化、科学化、民主化的方向发展。

2.有利于增强高校基层党组织对学术科研工作的支持

在高校院（系）基层党组织中，科研教学党支部是学科建设、学术理论研究的战斗堡垒。提升院（系）党组织组织力，有利于从根本上焕活科研型党支部的强大组织能力、活跃思维能力、对学术问题的探究能力以及学术科研创新活力。“互联网＋教育”时代加快了知识传播和更新的速度，新事物、新知识、新理论、新学派层出不穷。高校哲学社会科学、自然科学、应用科学等科研型党支部亟需以马克思主义为指导，提高学科创新能力。

（1）强化党组织对科研教学党支部的领导能力

高校基层党组织应当加强对科研教学党支部的领导和指导，确保其立足于马克思主义的指导思想，牢固树立社会化研究导向，积极响应社会实践中的问题，并支持其加强产、学、研一体化建设，努力构建一流学科。党委、党总支应发挥领导核心作用，为科研教学党支部设立明确的党建目标和学术目标，并制定切实可行的实施步骤和计划，以凝聚党支部的学术科研精神。

（2）激发科研教学党支部的组织活力

高校基层党组织应当着力激发科研教学党支部的组织活力，使其成为科研攻关的坚强的战斗堡垒。各教学科研党支部书记应充分发挥领导作用，以党建引领学术，制定党建和学术发展的统一目标，激发党员教师的学术研究热情，推动学科建设和学术创新。党组织应当为党支部提供必要的支持和保障，确保组织活动的顺利开展。

（3）促进新型学术组织发挥作用解决学术治理难题

高校基层党组织应当以党建为引领，支持和推动新型学术组织在高校中发挥更大的作用，积极解决学术治理中存在的各种难题。通过增强对学术组织的领导和指导，确保其始终坚持马克思主义和中国特色社会主义方向，为解决学科专业、教学科研成果、人才培养质量等学术评估和治理难题提供有力支持。党组织应当密切关注学术组织的发展需求，为其提供必要的政策支持和资源保障，推动学术治理体系的不断完善和创新发展。

3. 有利于加强高校基层党组织对师生党员的帮助

高校基层党组织负有监督、教育、管理、服务党员的职责，新时代提升高校基层党组织的组织力，有利于加强高校基层党组织对师生党员的帮助。

（1）有利于高校基层党组织树立“以人民为中心”的导向

新时代，部分高校基层党组织对师生党员权益的需求知之而不解，缺乏应对解决问题的能力、落实决策的气力以及为人民服务的魄力。因而部分高校基层党组织存在弱化、虚化、边缘化的问题，基层党组织软弱涣散，形式主义问题严峻，党的会议陷入文山会海，对事项决策效率低下。新时代，提升高校基层党组织组织力，有利于增强党组织的凝聚力和号召力，有利于党组织树立“以人民为中心”的服务导向，密切联系群众，倾听师生党员在学习、工作、生活中的意见和心声。

（2）有利于提升高校基层党组织对师生党员权利、待遇、困难等问题的落实能力

新时代，提升高校基层党组织的组织力，有利于增强党组织对师生党员权

利、待遇、困难等问题的议事能力、反应速度、议事效率。不少高校以“我为群众办实事”“党员教育管理平台”为抓手，收集师生党员群众需求和建议，积极落实党员群众关心事项，并取得了良好成效，支部党员民主权力、生活保障有了更可靠的保障。

第二节　党风廉政建设与反腐败斗争

一、党风建设在教育领域的特殊意义

（一）什么是党的纪律建设

1. 什么是党的纪律

党的纪律是按照党的性质、党的原则、党的纲领以及能够全面实现党所制定的所有路线、方针和政策的必然需求，是每个党员必须遵守的各项行为准则的总称，是我们各级党组织和党支部的所有成员必须严格遵守的规则。党的纪律是由关于党的一系列规定、规章制度，包括《中国共产党章程》《中国共产党廉洁自律准则》《中国共产党纪律处分条例》等构成的。党的纪律主要包括政治纪律、组织纪律、廉洁纪律、群众纪律、工作纪律、生活纪律。

2. 什么是党的纪律建设

党的纪律建设就是围绕管党治党的总目标而加强纪律保障的一系列工作和举措的总称。这一系列的举措以及随之开展的工作都是纪律建设的范畴，包括：制定和完善纪律、开展纪律教育、严格遵守纪律、实施纪律处分、建立健全执纪体制、加强党内廉政文化建设。

（二）加强党的纪律建设的重要性

1. 加强纪律建设是对我们党光荣传统的传承与弘扬

我们的党是经历过严格考验和艰苦革命的党；是拥有高尚伟大的革命理想与坚强的毅力的党；是严格遵守纪律和全心全意为全国人民谋福利的马克思主义政党，坚定不移地遵守我党铁的纪律，始终保持党的纯洁性、原则性与纪律性是中国共产党一直以来始终坚持的光荣传统与思想目标。中国共产党自成立

以来，历经了百余年的风风雨雨，我们始终坚定不移地遵守党和国家的纪律，是党从弱小到强大、从战胜无数次挫折到克服无数次困难以至最后胜利时刻的重要法宝。在十分艰苦的革命战争年代，伟大领袖毛主席曾经说过“加强纪律性，革命无不胜”，并制定了我国人民军队必须遵守的“三大纪律八项注意”。十八大以来，党中央对纪律建设的重视程度又提高了一个台阶。领导人结合新形势下的政治经济发展现状以更加深邃的历史视角表明：“在相当艰苦的革命战争时期，我们共产党团结带领人民群众打败穷恶势力、夺取政权，靠的是铁的纪律保证。在当前新的历史条件下，我们党要带领人民全面决胜小康社会、实现现代化，依然要靠铁的纪律。”

2. 加强纪律建设是我们党应对新时代挑战的必然要求

加强党的纪律建设，确保共产党在全国各族人民群众中的伟大形象，把全国各族人民紧紧团结在党中央周围，有效建立凝聚一心、克服困难、化解风险的坚实基础，切实强化纪律建设，确保党始终保持充分的战斗力和奋斗精神。

加强党的纪律建设，可以有效建立起防止腐败、抵御腐败、治理腐败的有效战线。在当前政治经济全面改革发展的新形势下，要想长期保持党坚固的执政地位和核心领导地位，对于新时代下的中国共产党是一个非常大的考验。在各级领导干部实际执政履职的过程当中，也有不少党政分子没有经得住时代的考验，出现了不良的政治思想和行为作风，出现贪污腐败现象。这些没有经得住考验的党员干部都是从出现违反纪律的苗头开始步入歧途的，因此党员干部在执政的道路上必须长期坚持强化纪律意识、提升对纪律的执行力度，深化运用监督执纪“四种形态”，使每位党员都能够禁得起新鲜事物的考验。

开展全面从严治党、始终坚定不移地围绕在党中央的周围是实现“四个全面”发展战略布局中的一项非常重要的内容，是我国在未来发展过程中全面建成小康社会和依法治国相关方针、政策的重要保障措施。在当前各项经济高速发展的新时代背景下，党的长期执政地位和面临的新形势、新情况、新问题等，决定了“治国必先治党、治党务必从严”。在新的历史条件下，面对党内在一定程度上存在的政治上的自由主义、思想上的极端个人主义、组织上的宗派主义，以及作风上的形式主义、官僚主义、享乐主义和奢靡之风等，加强党的纪律建设的重要性尤为凸显，任务更为艰巨和繁重。因此，加强党的纪律建设，能够促使党员干部不断坚定理想信念、坚守精神追求，一言一行时刻处于党纪规范和约束之下，真正做到心有所畏、言有所戒、行有所止，使党的纪律成为管党治党的尺子和不可逾越的底线。

当前全国各地正在进行“不忘初心、牢记使命”主题教育。每个共产党员都必须明确自己在新时代下的坚定初心和伟大使命是为了全国各族人民的根本利益和幸福，是为了中华民族的伟大复兴而努力奋斗，同时这也是激励中国共产党人持续坚持、砥砺前行的动力源泉。在通向中华民族伟大复兴之路的征程中，必须坚持全面从严治党，不断提高党的创造力、凝聚力、战斗力。

二、廉政建设对教师党支部纪律建设的启示

（一）加强思想教育，树立正确的党风廉政观念

1. 加强主题教育，引导正确的价值取向

加强主题教育，引导正确的价值取向，是教师党支部推进党风廉政建设和纪律建设的重要举措。这些活动的开展不仅能够增强党员教师的政治觉悟和党性修养，还能增强他们的法律意识和纪律意识，有效遏制和预防腐败现象的发生，进一步巩固党在教育系统中的执政地位，促进教育事业的健康发展。

第一，开展“廉洁从教”主题教育是教师党支部引导党员教师树立正确的党风廉政观念的重要途径。在这一主题教育中，可以通过邀请廉政专家举办讲座、组织廉政知识竞赛、开展廉政漫画展览等形式，深入浅出地向党员教师介绍廉洁从教的重要性和必要性，引导他们自觉践行廉洁从教的理念，严守教育教学的纪律和规范，坚决抵制各种形式的腐败行为。

第二，开展廉政警示教育是帮助党员教师增强拒腐防变意识的有效途径。通过搜集整理一些典型案例，展示各种违纪违法行为的危害和后果，深入剖析腐败问题的渊源和原因，引导党员教师从他人的错误中吸取教训，警示他们警钟长鸣，时刻警惕身边的腐败风险，保持清正廉洁的政治本色。

第三，开展党史学习教育是提高党员教师政治素养和党性修养的重要途径。通过深入学习党的光荣历史和优良传统，充分展现党在各个历史时期的优良品质和伟大成就，激发党员教师对党的热爱和信仰，坚定理想信念，增强政治自觉性和坚定性，提高抵御各种诱惑和腐蚀的能力，使他们成为教育教学事

业的坚强堡垒和忠诚卫士。

在开展这些主题教育的过程中，教师党支部要注重形式多样、内容丰富，注重因时因地制宜，充分调动党员教师的积极性和主动性，使其能够真正领会活动的内涵和要求，将学习教育的成果转化为自己的思想和行动。同时，要加强对活动的组织领导和督促检查，确保活动取得实效，推动党风廉政建设和纪律建设不断向纵深发展，为教育事业的蓬勃发展提供坚实保障。

2. 强化个人师德建设，树立正确的职业操守

教师党支部在加强个人师德建设、树立正确的职业操守方面扮演着重要角色。这不仅是对党员教师的责任，也是对整个教育系统的责任。因此，教师党支部需要采取一系列措施，引导党员教师牢固树立正确的职业道德观和操守，坚定不移地投身教育教学事业，为培养德、智、体、美、劳全面发展的社会主义建设者和接班人贡献力量。

第一，开展“立德树人”主题教育是教师党支部加强个人师德建设的重要举措。通过组织党员教师深入学习贯彻习近平新时代中国特色社会主义思想，深入理解教育教学的社会责任和使命，认识到教育事业的神圣性和伟大意义，从而激发他们对教书育人的热情和责任感，树立正确的职业操守和道德风范。

第二，教师党支部可以开展教师职业道德培训，提升党员教师的职业素养和道德修养。通过邀请专家学者举办讲座、组织职业道德教育培训班等方式，加强对党员教师的职业伦理教育，引导他们正确处理师生关系，做到言传身教，做学生的榜样和引路人，始终保持高尚的师德风范。

第三，教师党支部还应当加强对党员教师的日常教育管理，及时纠正和处置违纪违法行为，营造风清气正的教育教学环境。通过建立健全的师德考核评价机制，对党员教师的言行进行监督和约束，加强对教育教学过程中可能存在的不端行为的监督和管理，及时发现和处理各类违纪违法问题，维护教育教学的正常秩序和良好形象。

（二）强化制度建设，构建健全的党内监督机制

1. 健全党员教师管理制度，明确责任和权限

教师党支部健全党员教师管理制度是确保教师队伍党性纯洁、行为规范的重要举措。这一制度的建立不仅有利于规范党员教师的行为，还能够加强党组

织对教师队伍的领导和管理，推动教师党支部纪律建设的规范化和制度化。

第一，建立党员教师管理规定是健全制度的基础。这些规定应当明确党员教师的基本权利和义务，规范其行为准则，明确党内管理的程序和责任分工。例如，规定党员教师应当积极参加党组织的各项活动，遵守党的纪律，发挥先锋模范作用，维护党的形象和荣誉；同时，规定党员教师不得从事违反党纪国法的行为，不得利用职权谋取个人私利，不得有违法违纪行为等。

第二，制定党内管理细则是健全制度的重要环节。这些细则应当根据教师党支部的实际情况和管理需要，对党员教师的管理程序、监督机制、处分措施等方面进行详细规定，确保党内管理工作的科学性和严密性。例如，规定党员教师的日常管理程序包括党支部会议制度、党员教师述职评议制度、党员教师奖惩制度等，明确党员教师应当如实向党组织报告个人情况和工作进展，接受党组织的监督和考核，同时对党员教师的违纪违法行为进行相应的处理和处罚。

第三，加强对党员教师的日常管理和监督是健全制度的重要内容。教师党支部应当建立健全党员教师档案管理制度，定期对党员教师的思想政治状况、工作业绩、廉政情况等进行考核和评价，及时发现和解决存在的问题，确保党员教师的行为规范和党性纯洁。

2. 加强党内监督，严肃查处违纪违法行为

教师党支部在加强党内监督方面扮演着至关重要的角色，其举措和制度设计直接关系到教师队伍的作风建设和党的形象塑造。因此，加强党内监督，严肃查处违纪违法行为，是教师党支部工作的重中之重。

第一，教师党支部应建立健全党内监督机制。这包括建立党员教师档案管理制度，明确党员教师的基本信息、工作业绩、廉政状况等内容，为日常监督提供数据支持；建立党员教师述职评议制度，定期组织评议党员教师的工作表现和廉政情况，及时发现问题并提出整改意见；建立党员教师奖惩制度，对表现突出和存在违纪违法行为的党员教师进行奖惩，形成严明的激励与约束机制。

第二，加强党内监督的日常管理是关键。教师党支部应当通过组织生活会、党课学习、集体讨论等形式，密切关注党员教师的思想动态和工作情况，

及时了解并解决存在的问题。同时，要建立健全举报机制，鼓励教师党员积极参与党内监督，对发现的违纪违法行为进行及时举报，确保监督的及时性和有效性。

第三，对于违纪违法行为，教师党支部必须依法依规严肃查处。对于轻微违纪问题，可以采取提醒、批评教育等方式进行处理；对于严重违纪违法行为，必须依法依纪严肃处理，甚至追究其法律责任。这既是对党的纪律的维护，也是对教师队伍作风的保障，更是对党员教师的一种负责任态度。

第四，教师党支部还应当加强对党员教师的教育培训，增强其纪律意识和法律意识。通过开展廉政教育、法制教育等活动，加强对党员教师的思想引导，使其自觉遵守党纪国法，自觉维护党的形象和荣誉。

3. 加强组织建设，优化党员教师队伍结构

加强组织建设，优化党员教师队伍结构，是教师党支部工作的重要任务之一。通过建立健全的组织机制和有效的管理制度，可以更好地发挥党员教师的作用，提高教师队伍的整体素质和能力水平。

第一，教师党支部应当加强对党员教师的选拔任用工作。这包括建立健全的党员教师选拔机制、明确选拔标准和程序、注重综合素质和业绩表现，确保选拔出德才兼备、品行端正的骨干教师。同时，要加强对党员教师的培训和考核，不断提升其专业水平和教育教学能力，使其具备更强的竞争力和执行力。

第二，建立健全党员教师队伍建设机制至关重要。这需要教师党支部明确队伍建设的目标和任务，制定具体的工作计划和措施，加强对队伍建设的组织领导和统筹协调。同时，要注重培养和选拔优秀的党员教师，重视他们的成长和发展，为他们提供更多的发展机会和平台，激励他们不断进步、创新实践。

第三，开展党员教师岗位竞聘、评优评先等活动是优化队伍结构的有效途径。通过这些活动，可以充分调动党员教师的积极性和创造性，激发其工作动力和责任感，推动队伍结构的优化和整体素质的提升。同时，要注重对优秀党员教师的激励和表彰，为他们树立典型，激发更多的教师投身到党建工作中来，形成良好的激励机制和氛围。

三、党内法规效能分析

中国特色社会主义制度最大的优势就在于中国共产党的领导，以党章为统领的党内法规体系和以宪法为统领的国家法律体系的二元合治形塑了中国之治的动力结构。党的二十大对于完善党的自我革命制度规范体系进行了专门部署，其中强化党的自我革命制度保障就是坚持制度治党、依规治党，增强规范权威性，严格制度执行。在中国之治的现实情境与理论话语中对党内法规治理效能进行全景式的学理化阐释与实践性探索，有助于开创中国式法治现代化的新道路。

（一）党内法规治理效能的法理基础

治理效能最初是管理学领域的学术用语。20世纪八九十年代，随着对治理有效性的讨论与追求，在治理现代化话语体系下这一概念具备了新的理论内涵。因而，对于党内法规治理效能的法理性分析是认识其理论底色与精神内涵的重要基础，也是实现党规之治的逻辑前提。

1. 国家治理能力与治理体系

在现代化进程中，如何充分利用制度优势，实现有效的治理效能，成为新时代国家治理面临的重要课题。近年来，官方文件中经常出现与“制度优势”“新体制”等相关词汇，其中“治理效能”作为一个重要概念与之密切相关。学界普遍认为，制度优势与治理效能之间存在着互相独立又互相作用的同构关系。治理的多元主体性、协同性的过程以及价值导向的结果构成了治理效能的基础。在新公共治理理论的背景下，学者们将治理效能定义为以公共价值为基础的政府绩效，具有公共性、有效性和合法性的特征。效能概念从词源分析可知，包含了行为主体贡献才能与效力以及事物蕴含的有利作用与潜能两个方面。治理效能作为一个概念，既包括了实现效益的潜在能力，也包括了取得的实际效益大小。因此，治理效能是一个同时具备潜在性、过程性、结果性和指向性的概念。特别是在现代化的视角下，治理效能更强调创新性治理，整合多主体资源，实现更高效率和正当性。

治理效能是对“良法善治”的实际描述，体现了治理实践的有效性和价值导向。党规之治突出了中国共产党作为核心领导力量的多元治理主体地位，并通过党内法规制度体系的嵌入和融合，实现了党的领导在国家治理领域的全面展开。党内法规具体化了党的领导原则，使其得以在治国理政和从严治党的各项活动中得以体现，形成了党的领导与国家、社会之间的互动关系。党内法规治理效能的外在表现形式即这种制度形式向实质目的转化的过程。同时，党内法规治理效能所具备的内在价值指向，是实现“良法”向“善治”的递进过程。

2. 合政治性与合法律性：党内法规治理效能的逻辑应然

现代政治具有双重性质，既是民主政治，也是政党政治。民主政治的现代化转变意味着契约政治取代了传统的伦理政治，个人通过政治解放摆脱了对共同体的依赖。这一转变产生了两个重要结果：首先，传统国家的公权力在契约理论中变成了全体人民共同掌握的职能，并通过选举等手段打破了以往统治者和被统治者之间单向的维度，形成了委托代理的双向责任制度。现代国家建构的契约式逻辑要求人民对国家具有稳定的认同感，这种认同感是建立在有效治理基础上的。因此，由此产生的责任政治包括对人民负责和宪制之上的政治责任，政府代表应当承担起政治责任和法律责任的双重责任。其次，现代民主政治中国家与社会相互分离但又相互依存，形成了互动的公共领域。国家和社会之间的这种相互独立关系决定了二者之间的互动具有协调性和补偿性，而不是单向的控制性关系。在有机的公共生活中，治理责任不仅应该由政府承担，其他社会主体也应当承担起治理责任。如果其中一方责任缺失，就会导致互动关联的治理主体行动受阻。

（三）自主与嵌入：党内法规治理效能的实现前提

我国正处于多重现代化任务叠加的阶段，这一复杂的国家与社会情况给单一的治理维度提出了系统性难题。实现治理效能并非单靠一元的国家法律体系，而是需要多种规范协同发力。因此，现代国家治理的规范依托不仅包括法律规范，还包括党内法规、党的政策、国家政策以及社会规范等多种规范构成的多元体系。

多元规范体系与传统的规范体系相比，涉及两个基本问题：一是法律之外的规范对于法治的意义，二是法治对这些规范的协同作用。这些规范在法治精神的统领下，相互影响、相互作用，共同推动着“大法治”格局的形成与完善。因此，完善多元规范体系建设需要遵循三个原则：首先，要坚持在“宪法法律内活动”，即以法律为秩序红线，同时保持各种规范在多元规范体系中的自身特性和活力。其次，要保证多元规范在价值导向上的同向性与体系构建上的协同性，避免强势规范压制其他规范的发展，而是应该形成相互支持、相互协助的关系。最后，要保障规范内部的相对独立性与核心功能，确保法律与其他规范之间的清晰定义和相互作用。

党内法规治理效能的实现前提在于，既要立足于党内规章制度的科学化与逻辑性，又要通过与外部规范结构的耦合作用，为建设法治中国作出贡献。只有各种规范能够独立自主地定位自身在多元规范结构中的角色，才能保证在面临多重治理需求时，有可供选择的资源，从而确保“大法治”体系的有效运作。

（二）党内法规治理效能的结构性分析

治理效能在中国式现代化路径中拥有更为复杂的逻辑内涵，与之相对应，党内法规治理效能的实现必定受到多元因素的叠加影响，但这些因素生成治理效能的机理并不是没有规律可循的。通过对党内法规治理效能的运转结构分析，既能厘清党内法规治理效能何以生成，清晰认识其运作机理与有机组成元素，也可以为制度建设提供理论导向。

1. 资源基础：历史性与现实性相统一

历史绩效产生制度信任的同时也要求良好的制度具备对于现实的回应能力。由于制度信任并不会在时间的演进以及空间的跨越中一成不变，所以制度优势是一种相对优势而非绝对优势。基于此，党内法规治理效能的现实性主要有三个表现。

（1）现实性作为治理效能生成的基础性资源

党内法规的现实性是其治理效能得以实现的基础。在社会结构多元规范的背景下，党内法规的制定、解释、执行、监督等措施应当具有对现实问题的及时回应能力。这意味着党内法规的制定需要结合历史文化、社会语境和未来预期，确保基于党内共识、符合法治精神，并能够落地生根，有序发展。只有这样，党内法规才能真正成为治理效能的基础性资源，为党的执政提供坚实的法治支撑。

（2）现实性对治理效能的制约作用

与此同时，现实性也对治理效能的发挥产生制约作用。党内法规作为公共产品，其供给与需求之间存在着辩证关系。党内法规的建设需要平衡制度供给与制度需求之间的关系，实现制度总供给与总需求的动态平衡。因此，在党内法规体系建设中，应当考虑合理评估预期效益，同时也需要充分考虑规范的成本问题。在特定事项上，通过较高位阶的规范形式制定党内法规可以扩大规范的影响力，进而提升治理效能。然而，这也意味着制定规范的成本会更高，因此应当以问题为导向，优先解决当前面临的治理问题。

（3）理性的规范体系建构与资源最大化

在资源定量的基础上，理性的规范体系建构能够实现效能的最大化。例如，古代的“田间”赛马和现代的家庭联产承包责任制都通过优化制度，实现了资源利用效益的增加。这表明，党内法规的制定应当充分考虑资源的定量化和合理利用，通过理性的规范体系建构，最大化地实现治理效能，为国家的发展和稳定提供重要支撑。

2. 动力来源：政治性与权威性共同驱动

（1）党内法规的政治性与治理效能

党内法规作为党的统一意志的体现，在中国特色社会主义事业中具有至关重要的地位。其治理效能不仅体现了党的领导力量在管党治党方面的规范作用，也展现了党在国家发展建设中的全方位领导力。党内法规的治理效能直接与党在国家社会中的结构定位相关，尤其是在党的领导方式发生变革的背景下，党内法规在各个领域、层级和阶段的全面领导作用更加凸显。党内法规的制定落实不仅是业务指导，也是压力责任，其政治性使其成为党组织和党员在工作中的重要指导依据。

（2）党内法规的权威性与治理效能

党内法规的权威性与治理效能密不可分。权威性是政党治理规范的重要属性，其包含了人们行动的排他性理由以及服务性的指导理由。现代政党制度具备国家与社会的双重属性，其政治正当性与合法性的统一是其权威性的体现。在党内法规的制定和执行过程中，党的权威性为其提供了正确的指导理由，使其具有合法性和可信度。最终，党内法规的权威性和治理效能的实现离不开广大人民群众的支持，他们的认可是党执政与领导的根本保障。

（3）党内法规的权威性与治理效能的互动关系

党内法规的权威性与治理效能之间存在着相互促进的关系。党的权威性为党内法规赋予了指导性和规范性，使其具有政治合法性和社会认可度。而党内法规的治理效能则进一步巩固了党的权威性，通过实际行动为党的领导提供了可信的依据。这种互动关系在推动国家治理体系和治理能力现代化的过程中起着重要作用，促进了党的领导地位的巩固和国家治理效能的提升。

（三）统摄范畴：思想性与实践性相结合

不同于单纯以法律规范行为的功能，党内法规更注重塑造人们的内在思想，包括信仰、理论和观念等方面。作为价值观规范的承载体系，党内法规根据指向主体的觉醒 / 唤醒机制的不同，具有双重治理效能，即对内的道德自主性和对外的行为审视性。道德自主性指的是党内主体不断实现道德目标的过程，而行为审视性则是群众对党的行为进行监督，以及党自我纠偏的机制。党内法规具有思想性，强调引导思想的先进性、科学性、真理性和一致性。通过思想教育，加强党员对党的意识形态、政治纲领和纪律规范的认同和接受，并在此基础上形成长期、稳定、倾向性的行为支持。党一贯重视思想建党与制度治党相结合，而思想建设最终需要依靠制度建设的推进。党内法规对党员的思想修养提出了多方面的要求，例如，坚定政治信仰、增强“四个意识”、全心全意为人民服务、不惜牺牲一切为共产主义奋斗终身等。这些党言党语不仅体现在党章和关于党性修养的党规中，也在党的领导制度建设、纪律建设和队伍建设等方面有所体现。

在调整方式上，一方面，党员的内心世界主要通过学习和教育进行，包括自主学习、专题教育、干部培训、媒体宣传和实践锻炼等形式，实施了“三严三实”“两学一做”“三会一课”“互联网＋党员教育”等具体措施；另一方面，在相当一部分党规中，思想性要求被转化为党员的具体义务和行为模式，并建立了相应的激励机制。例如，“惩前毖后，治病救人”原则和监督执纪的“四种形态”都体现了党员思想教育的重要性。思想是行为的先导，行为是思想的体现，思想建设的治理效能往往通过外在行为得以表现。马克思在哲学上的突破，将哲学从一种解释现实的理论转变为批判和推动社会实践的思维方式。党内法规制度体系的发展史表明，它并非是脱离国家和社会的理论产物，而是中国共产党在百年领导革命建设历程中的实践总结。法治是具有鲜明实践性的事业，它通过法治原则统摄，遵循证成原则和符合原则。这要求行动者必须判断，赋予实践何种精神遵循，使其参与的实践成为该精神原则的最佳诠释，并且该精神原则的诠释应与已有的规范体系和实践形式保持最大程度的一致性。“党内法规要形成整体化的存在，关键在于党内法规所承载的价值目标必须一以贯之”，并具有“耦合结构”（各个子系统区别又一致）和“融贯结构”（不同等级党内法规之间的一致性关联）。在综合性原则下，党内法规与具体的政治价值、法治价值、民主价值、正义价值和效能价值形成完整的党内法规价值体系。

（三）党内法规治理效能的类型化分析

类型化思维有助于清晰地呈现党内法规治理效能的多种样态。在法治中国建设的语境中，对党内法规治理效能的理论阐释既应遵循规范体系的结构生成规律，也应以外部视角观察党内法规的运作动态。在中国共产党领导人民进行社会革命与国家建设的现代化过程中，党内法规与其他单元的规范体系共同描绘了多元的社会结构，时代呼唤一个组织严密的现代化共同体以聚何代表广大人民意志完成诸多艰巨任务。

1. 意志表达与聚合效能

意志的表达与聚合是党形成意志的关键步骤。意志是指人们自觉地确立目标，并据此调节自身行动，克服困难，努力实现既定目标的心理倾向。意志的现实表现在于有目的地支配行为，通过对客观事物的认识产生确定的价值倾向，从而引导个体的活动。对于党内法规治理效能的客体来说，涉及党的意志、人民意志和国家意志，以及党员个人意志和组织意志等，有些是直接影响的，有些是间接作用的。党内法规必须确保全党意志统一、行动一致，才能应对革命时期的残酷斗争和建设时期的历史使命。中国特色国情决定了中国共产党是一个高度组织化、党员人数众多的政党，如何实现全党像一个人一样团结一致是一个重要的理论问题。政党意志既是政党政治理念、政治情感等的集中体现，也应是“制度化的思想体系”。政党意志可以通过多种客观形式体现，但党内法规的规范逻辑结构更能集中体现党的意志，党规的治理内涵在于整合内部零散的集体意志和个人意志，形成党的统一意志，既有宏观部署，也有中观对策和微观决策，全面而精准地反映了党的意志。全面地认识是形成统一意志的前提，完善的党内法规应保障党内民主，实现权力与职责的统一、权利与义务的对应，在整合过程中既要充分发扬民主，保证相关党组织和党员的表达自由，也要坚持集中，一旦形成统一意志，就要在全党贯彻执行。这种聚合性的价值认同可以化解规范的形式与实质之间的紧张关系。

2. 行为规范与引领效能

行为规范与引领效能的有效发挥应注意以下两点：首先，需要明确党组织行为与党员行为的边界，防止行为越界与其他领域准则规范的冲突与矛盾。同时，要警惕规范空白给权力任性留下空间，因此必须实行严格的党内治理，不容任何疏漏。对党内关系进行规范时，必须确保规范的精准匹配，不同身份的党员（包括领导干部和普通党员）在适用党内法规时有所差异，领导干部身负“关键少数”的责任，因而需要承担更多的义务和责任。其次，对党外关系的引领应主要依靠党内法规制度的软性方式，如激励、支持、引导、监督、联系和教育。同时，要通过先进思想、科学理论和优良传统作风的示范倡导，灵活运用党内法规的篇章体例，保持价值体系的开放性和统合能力。正如所说，“依规治党深入党心，依法治国才能深入民心”。只有党内法规能够产生良好的规范效能，充分利用党的组织网络在党内外释放影响力，激发道德主体的能动性，促进党的决策部署和政策措施高效率、高效益地转化为治理效能。

3. 系统组织与优化效能

系统组织与优化效能是国家治理体系与治理能力现代化的重要方面，主要体现在治理制度的现代化上。党内法规作为承担建章立制功能的重要组成部分，是治理制度进一步提炼与转化的体现。治理制度体系是由不同要素组成的有机整体，每一项制度都与其他制度相互联结，共同服务于治理目标。系统组织与优化效能通过党的组织领导体系的纵横交叉的立体网格结构呈现出来。

在横向截面上，党内法规构建了以党的委员会为中心的左右联结的制度体系。随着社会革命与治国理政的需求变化，内外组织架构动态调整。以党章中的组织架构为例，中国共产党的相应机构从建党以来就存在，党章对其进行规范。例如，二大党章确立了党员、组织、会议、纪律、经费的部门组成结构，之后的党章继续细化，并增加了“监察委员会”一章。目前，为了加强党的领导，党组将党的领导延伸到非党组织；在制度运行上，党建立了决策、执行、监督“三位一体”的运行体制，科学配置党组织权力与责任，构建以党员义务为主导的权利—义务模式。

在纵向截面上，强大的组织制度是贯彻党的统一意志的物质基础。党的中央组织、地方组织、基层组织构成了上下联动的三个层级。党的上级组织、宣传、统战等职能部门与下级部门具有工作上的指导关系，同时也对同级党委领导的党组织具有管理关系。纪委与同级党委领导的党组织形成了监督关系。在非党机关设立的党组织领导本系统的工作。这种立体网格状结构层次分明、配置合理、互动有序，在填补中国传统社会治理资源缺口的同时，有效发挥了党的协调、动员能力，是中国共产党攻坚克难、实现国家现代化、实现中华民族伟大复兴的法宝。

第三章　教师党支部纪律建设的现状分析

第一节　历史沿革与演变

一、教师党支部纪律建设的历史演进

（一）早期阶段

1. 党组织萌芽于早期教育领域

中国共产党成立初期，处于政治动荡的时期，教育领域的党组织萌芽于此。教育工作者中的党员，往往是秘密组织，以散文学校、书院等地为活动场所，缺乏统一的党组织和制度化的纪律管理。

2. 以政治宣传和思想教育为主

在早期阶段，教师党支部的纪律建设主要依靠政治宣传和思想教育来维护党的纪律。党组织通过发展秘密会谈、发放宣传册等方式，引导教师树立正确的政治立场和思想观念，但缺乏制度化的管理手段。

3. 纪律规范尚未形成

由于党的组织在教育领域的渗透较弱，教师队伍的党建工作尚未形成系统化的管理模式。在这一阶段，党组织对教师队伍的监督和管理相对薄弱，纪律规范尚未形成，教师党支部纪律建设处于起步阶段。

（二）初步探索阶段

1. 党建工作逐步深入

随着中国共产党的发展壮大和教育事业的不断深化，教师党支部纪律建设逐渐被重视。党组织开始在教育系统中扎下根基，加强对教师队伍的党建工

作，初步探索建立党员教师的行为规范和管理制度。

2. 行为规范的初步形成

党组织在教师队伍中推行党风廉政建设和纪律管理，初步建立了一套行为规范和管理制度。教师党支部通过党课教育、思想政治工作等方式，引导党员教师树立正确的思想观念和政治立场，增强纪律意识和遵纪守法意识。

3. 管理模式初步形成

在初步探索阶段，党组织开始探索建立党员教师的行为规范和管理制度，初步形成了一套管理模式。党组织加强了对教师队伍的教育和监督，为后来的党建工作奠定了基础。

（三）制度化建设阶段

随着改革开放的深入和教育事业的全面发展，教师党支部纪律建设逐渐进入制度化建设阶段。在这一阶段，教育领域对纪律规范化管理的迫切需求日益凸显，需要建立一套完善的党内管理制度和纪律处分机制。

1. 管理制度的建立和完善

党组织开始着力建立党员教师的行为规范和管理制度，逐步完善了党内管理的相关制度。针对教师党员的特点和需求，制定了一系列详细的管理办法和操作规程，加强了对党员教师的日常管理和监督。

2. 规范化和法治化的趋势

教师党支部纪律建设逐步走向规范化和法制化。党组织加强了对教师队伍的管理，建立了一套完善的党内管理制度和纪律处分机制，使党员教师的行为规范得到明确界定，纪律建设工作走向了制度化和法制化。

（四）现代化管理阶段

1. 信息技术的应用

进入 21 世纪以来，随着信息技术的发展和社会治理的现代化需求，教师党支部纪律建设迎来了现代化管理的新阶段。党组织利用信息化手段加强对教师队伍的监督和管理，建立了网络化的党建工作平台和监督系统，实现了对党员教师的全方位、立体化管理。

2. 全面、立体化管理

在现代化管理阶段，党组织对教师党支部纪律建设提出了更高的要求。党组织通过信息化手段，对党员教师的思想政治状况、工作表现、廉洁自律等方面进行全面、立体化的管理和监督，形成了覆盖全过程、全方位的管理体系。

3. 党组织在教育改革中的引领作用

在现代化管理阶段，党组织注重发挥在教育改革和发展中的引领作用，推动教育事业不断向前发展。党组织加强与教育行政部门、学校领导班子等相关部门的沟通和协作，积极参与教育改革和发展规划，为教育事业的健康发展提供坚强的组织保障和政治保证。

4. 制度建设与创新

在现代化管理阶段，党组织不断加强对教师党支部的制度建设和创新。党组织根据教育领域的实际情况，不断完善和改进党内管理制度，创新管理方法和手段，提高管理效率和水平，使教师党支部纪律建设更加科学、规范和有效。

二、党建工作在教师队伍中的发展历程

（一）初期探索阶段

1. 初期党建工作基础薄弱

在中国共产党成立初期，党建工作在教师队伍中的发展面临着诸多挑战和困难。这一阶段的党组织在教育系统中的渗透尚处于初级阶段，党员教师的数量和影响力有限，党建工作的基础相对薄弱。

（1）组织基础不稳定

在初期阶段，教师队伍中的共产党员数量较少，党组织的建立和发展受到了一定制约。由于党组织力量较弱，教师党支部的建立和活动开展受到了一定的影响，组织基础不够稳固。

（2）思想政治工作不够深入

党建工作在教师队伍中的推进主要依靠个别教师的积极参与和组织宣传，而整体的思想政治工作尚未深入到每个教师的心坎里。党组织在开展宣传教育和组织引导方面存在不足，影响了党建工作的深入开展。

（3）组织管理不规范

由于党组织建设相对薄弱，教师党支部的组织管理工作存在不规范的情

况。缺乏健全的组织管理制度和规范的操作流程，导致党组织的活动和管理比较松散，难以有效地发挥作用。

2. 党建工作的初步探索与尝试

尽管面临着诸多困难和挑战，但在中国共产党成立初期，党建工作在教师队伍中也进行了一系列的初步探索和尝试，为后来的发展奠定了基础。

（1）思想政治教育的开展

党组织积极开展思想政治教育工作，通过宣传党的理论、政策和主张，引导教师党员树立正确的思想观念和政治立场，增强对党的信仰和忠诚度。

（2）党组织的建立和发展

党组织在教育系统中逐渐建立起来，教师党支部的建立成为推动党建工作的重要途径。党员积极分子组织成立了教师党支部，通过组织活动和交流学习促进党员教师的成长和团结。

（3）党建工作的拓展

党组织在教师队伍中逐渐扩大，党员教师的数量也在不断增加。党组织开始将党建工作纳入教育系统的整体规划中，探索出一条适合教师队伍特点的党建之路。

（二）组织化建设阶段

1. 党组织的建立和完善

在组织化建设阶段，党组织在教育系统中建立起了较为完善的机制，着重加强了教师党支部的建设和发展。

（1）教师党支部的成立

随着党组织的力量在教育系统中的逐渐壮大，教师党支部得到了广泛的建立。各级教育机构积极组织教师党员建立党支部，为教师党员提供了学习交流和共同发展的平台。

（2）党委的设立

为了更好地组织和领导教师党支部的工作，一些大中型教育机构还成立了党委，负责统一领导和协调教师党建工作。党委的设立有效地推动了党建工作的组织化和规范化发展。

（3）制度建设的完善

在组织化建设阶段，党组织加强了对教师党支部的制度建设，建立了一系列完善的管理制度和工作规范。对党员教师的选举程序、组织活动管理、党费管理等方面都有了明确的规定和要求，为党建工作的开展提供了有力支撑。

2. 党建工作的全面展开

随着党组织的建立和完善，党建工作在教育系统中得到了全面展开，涵盖了多方面、多领域的内容。

（1）加强思想政治教育

党组织积极开展思想政治教育工作，通过举办党课、开展主题教育等形式，加强了党员教师的思想政治建设，增强了党员的凝聚力和战斗力。

（2）党建活动丰富多彩

党组织组织开展了丰富多彩的党建活动，包括党员教师座谈会、集体学习、志愿服务等，丰富了教师们的业余生活，增强了团队的凝聚力和向心力。

（3）党员队伍的扩大壮大

随着党组织的建立和党建工作的开展，党员教师的队伍逐渐扩大壮大，党员的数量也在不断增加。这为教育事业的发展提供了坚实的组织保障和政治保证。

（三）制度化管理阶段

1. 健全的党建工作制度体系

在制度化管理阶段，党组织在教育系统中建立了一系列健全的党建工作制度，以确保党建工作的有序开展和持续发展。

（1）制定党建工作指导文件

为了规范党建工作，党组织制定了一系列的党建工作指导文件，包括《教师党支部工作条例》《党员教师管理办法》等，明确了党建工作的原则、任务和责任，为党建工作提供了有力的制度保障。

（2）建立党建工作机构

党组织在教育系统中建立了健全的党建工作机构，包括教师党支部、党委、党务办公室等，明确了各级党组织的职责和权限，形成了一套完整的党建工作体系。

（3）规范党建工作流程

党组织规范了党建工作的流程和程序，包括党员教师的招募程序、党费管理程序、党员组织生活程序等，确保了党建工作的科学性和规范性。

2. 全员、全方位的党建工作网络

在制度化管理阶段，党组织在教育系统中建立了全员、全方位的党建工作网络，加强了党建工作的覆盖范围和深度。

（1）全员参与的党建工作机制

党组织建立了全员参与的党建工作机制，充分调动了教育系统全体教职员工的积极性和创造性，形成了共建共享的良好局面。

（2）全方位覆盖的党建工作内容

党组织开展了全方位覆盖的党建工作内容，包括思想政治教育、党员教师队伍建设、党员教师的业务培训等，确保了党建工作的全面性和全方位性。

（3）信息化支撑的党建工作平台

党组织建立了信息化支撑的党建工作平台，利用现代信息技术手段加强党建工作的管理和监督，提高了党建工作的效率和水平。

（四）现代化发展阶段

1. 利用信息化手段加强管理和监督

在现代化发展阶段，党组织充分利用信息技术的普及和发展，加强了对教师队伍的管理和监督，实现了党建工作的现代化发展。

（1）建立网络化党建工作平台

党组织建立了网络化的党建工作平台，通过互联网和内部网络系统，实现了党组织之间、党员之间的信息共享和交流。

这一平台为党建工作提供了便捷的信息传递和管理渠道，使党组织的工作更加高效、便捷。

（2）建立监督系统

党组织建立了监督系统，利用信息化手段对党员教师的行为进行监督和检查。

通过监督系统，可以实现对党员教师的行为轨迹、工作进展等方面的实时监控，及时发现和解决问题，保障党建工作的顺利进行。

2. 实现全方位、立体化管理

在现代化发展阶段，党组织实现了对党员教师的全方位、立体化管理，提高了党建工作的管理水平和效率。

（1）全方位管理

党组织对党员教师的管理不仅限于日常工作和学习，还涵盖了思想、品德、行为等方面。通过信息化手段，可以实现对党员教师的全方位管理，包括思想政治教育、业务培训、党费管理等各个方面。

（2）立体化管理

党组织建立了立体化管理体系，包括线上线下相结合的管理方式。通过线上平台，可以实现对党员教师的远程管理和指导；通过线下活动，可以加强党员教师之间的交流和互动，形成了一种立体化的管理模式。

三、教师党支部纪律建设的重要节点和转折

（一）党支部成立阶段

1. 党建开篇

党建工作在中国教育系统中的开篇，标志着党组织在教育领域的正式落地，为推动教育事业与党的理论、方针政策相结合提供了坚实的基础。教师党支部的成立并非只是一个形式上的建立，而是具有深远意义的开篇之作。

第一，教师党支部的建立为教育系统内的党员教师提供了一个重要的交流平台。在这个平台上，党员教师可以进行思想政治交流、学习党的方针政策，增进对党的认识和组织观念。通过开展党建活动，党员教师得以深入了解党的基本理论、路线方针政策，提高政治素养，增强党性意识，从而在教育战线上更好地发挥先锋模范作用。

第二，教师党支部的建立为教育系统的改革和发展提供了有力的组织保障。党支部作为党在教育系统中的组织形式，将党的政治优势转化为推动教育事业发展的强大动力。通过党组织的组织和领导，可以更好地推动教育事业与时代发展相适应，促进教育教学质量的提升，推动教育现代化的进程。

第三，教师党支部的建立也为教育系统内部的民主管理和团结合作打下了坚实的基础。通过党员代表大会、党员民主评议等形式，充分发挥党员教师的

积极性和创造性，形成了团结合作、共谋发展的良好局面。党组织的建立不仅为教育系统内部的管理提供了有效的机制，也为教育工作者之间的团结合作提供了有力的保障。

2. 促进党建深入发展

党支部的成立标志着教育系统内部党建工作的深入发展，其在推动教师队伍的思想政治建设、促进民主管理和团结合作方面发挥了重要作用。

第一，通过组织开展各类党建活动，教师党支部有效地促进了党员教师思想政治素养的提升。党课学习、思想教育、志愿服务等活动不仅拓宽了党员教师的知识面，还加强了他们对党的认同和对社会主义核心价值观的理解。这些活动不仅是理论学习的平台，更是思想碰撞和交流的场所，激发了党员教师的工作热情和责任感，提升了其政治素养和道德水平。

第二，教师党支部的成立增强了党员教师们的党性观念和组织纪律意识。通过组织党员教师参与党内活动、履行党员义务，党支部锻造了一支忠诚、担当、纪律严明的教育队伍。党的组织和纪律教育引导党员教师自觉维护党的团结统一，遵守党的政治纪律和组织规定，增强了组织的凝聚力和战斗力。

第三，党支部的成立为教育系统内部的民主管理和团结合作奠定了坚实基础。通过开展党内民主评议、党员代表大会等形式，教师党支部构建了一种民主决策和协商机制，形成了党员教师共商教育事业发展大计的良好氛围。党组织作为教育系统内部的组织保障，有效促进了教师队伍的团结合作和教育事业的持续发展。

（二）纪律建设规范化阶段

1. 完善制度建设

随着党建工作的持续推进，教师党支部纪律建设进入了规范化阶段，其制度建设的完善对于教育系统内部的党员教师行为规范和组织管理起到了重要作用。

第一，党组织在这一阶段建立了一系列健全的纪律管理制度和处分机制。这些制度包括党员教师的行为规范、违纪违法处理办法及奖惩机制等，为教师党支部的管理提供了明确的法律依据和操作程序。通过建立这些制度，党支部能够更加有效地对党员教师的行为进行规范和约束，保障了教育系统内部的正常运行和秩序稳定。

第二，这些制度的建立明确了党员教师的行为规范和职责义务。党员教师作为教育系统的中坚力量，其行为举止直接关系到教育事业的发展和学生的成长成才。通过制定和完善相应的制度，明确了党员教师在教学科研、学术交流、师德师风等方面的基本要求和标准，为其提供了明确的行为准则。这不仅有助于规范党员教师的行为举止，还能够提升其教育教学质量和职业素养水平。

第三，这些制度的建立和完善为教育系统内部的党员教师提供了明确的行为准则，有力地规范了党员教师们的行为举止，提高了党支部的凝聚力和战斗力。在规范化的管理下，党员教师更加自觉地遵守党的纪律和法规，增强了组织的凝聚力和战斗力，为教育事业的发展提供了坚实保障。

2. 纪律建设的制度化推进

随着党建工作的不断深化和教育事业的全面发展，教师党支部纪律建设逐渐走向了制度化推进的阶段。在这一阶段，党支部通过建立健全的纪律管理制度和处分机制，加强对党员教师的教育和监督，推动了教师党支部纪律建设的规范化和制度化发展。

第一，党支部着力建立健全的纪律管理制度。这些制度涵盖了党员教师的行为规范、工作职责、奖惩办法等内容，为党员教师的行为提供了明确的准则和标准。制度化的管理使得党员教师们在日常工作中能够清晰地了解自己的责任和义务，遵守相关规定，维护组织的团结统一和纪律规范。

第二，党支部建立了严格的处分机制。针对党员教师违纪违法行为，党支部建立了相应的处分程序和标准，确保处分公正、透明。这种处分机制的建立不仅为纪律建设提供了有力的制度保障，也增强了党员教师的纪律意识和规范意识，使其敬畏法纪，守住底线。

第三，党支部加强了对党员教师的教育和监督。通过开展党课学习、主题教育等形式，加强了对党员教师思想政治教育的力度，提高了其党性观念和组织纪律意识。同时，建立健全的监督机制，对党员教师的行为进行监督和检查，及时发现和纠正问题，确保了党建工作的正常运行和发展。

第二节　现阶段面临的主要问题与挑战

一、现阶段面临的问题分析

（一）党建质量工作的需求和重点不明晰

高校教师党支部建设中很重要的内容就是对党员和群众的管理和服务，因此，高校教师党支部建设同样也涉及对党员和群众的管理质量和服务质量。要提升高校教师党支部党建质量，就需要明晰党建质量工作的需求和重点。目前，高校已普遍建立了教师党支部，但高校基层党建工作需求导向不强，教师党支部建设缺乏差异化发展定位，对党员、群众的诉求和意愿了解不充分、对老师和学生的生活及工作学习情况了解不透彻，高校教师党支部党建工作的需求和重点亟待加强。

1. 党建质量工作的需求分析

（1）理念导向不强

在高校教师党支部建设中，理念导向不强是一个关键问题。缺乏明确的理念和价值观，会导致党建工作缺乏方向性和针对性，进而影响党建工作的质量和效果。因此，需要深入思考和探讨，加强理念导向，明确党建工作的根本目标和价值追求，引导全体党员朝着正确的方向努力。

第一，高校教师党支部需要明确党建工作的根本目标。党建工作的根本目标是服务教育事业、促进教师队伍建设、推动学校发展。这一目标体现了党支部在高校内的重要使命，是引领全体党员为实现教育现代化、建设世界一流大学而努力奋斗的方向。

第二，需要明确党建工作的核心价值追求。党建工作的核心价值追求是坚持中国特色社会主义道路、弘扬社会主义核心价值观、践行党的宗旨。这些价值追求是高校教师党支部开展工作的根本动力和价值取向，是引领党员教师为实现社会主义现代化建设而不懈奋斗的信念基石。

第三，需要明确党建工作的具体任务和工作重点。高校教师党支部应当立足于教育实践，深入开展党员教师的思想政治教育、党性锻炼和组织管理工作。要通过开展党课学习、主题教育、党员大会等形式，加强党员教师的理论学习和政治思想引领，不断提升其思想政治素养和党性修养。同时，要加强党员教师队伍建设，提高其教育教学水平和专业素养，推动学校教育事业的全面发展。

第四，需要加强组织领导和组织保障。高校教师党支部应当加强组织建设，健全党的组织机构，建立科学的工作制度，提高党建工作的组织化程度和工作效率。同时，要加强对党员教师的关心关爱，提供良好的工作和学习环境，激发其工作积极性和创造性，为实现党建工作的目标提供有力的组织保障。

（2）差异化发展定位缺失

高校内部的党支部未能充分考虑不同类型高校、不同学科专业的教师党员的特点和需求，导致党建工作的开展缺乏针对性和有效性。针对这一问题，需要从多个方面进行思考和改进，以实现高校教师党建工作的差异化发展定位。

第一，需要根据不同类型高校的特点和定位，制定相应的党建工作方案。高校可根据其办学定位、发展目标和人才培养模式等因素，确定党建工作的重点和路径。例如，综合性大学、工程技术类院校、师范类院校等不同类型的高校，在党建工作方面可能存在差异，应当因地制宜地制定相应的工作方案，突出重点，推动党建工作的深入开展。

第二，需要根据不同学科专业的特点和需求，提供个性化的服务和支持。不同学科领域的教师党员在专业背景、学科特点、职业需求等方面存在差异，因此，党建工作也应当根据不同学科的特点，量身定制相应的服务内容和支持措施。例如，理工科教师可能更关注科研创新和技术应用，而文科教师则更注重人文关怀和思想引领，因此，针对不同学科教师的需求，开展有针对性的培训、交流和活动。

第三，需要加强对党员教师的调研和了解，深入了解其需求和诉求。通过定期开展调查问卷、座谈会等形式，了解党员教师的工作生活情况、发展需求和困难问题，及时掌握他们的心声和诉求，为制定差异化的党建工作方案提供科学依据。

第四，需要加强高校内部的党建组织协作和资源共享。不同党支部之间可以加强交流合作，共同探讨党建工作的策略和方法，充分利用资源优势，提高工作效率和质量。同时，可以通过建立党建工作联席会议、资源共享平台等机制，促进党建工作的互动交流和共同进步。

（3）对党员、群众需求了解不足

党支部对党员、群众的需求了解不足，是影响党建质量的关键因素之一。这种不足可能源自对党员、群众需求的调研不够深入、了解不够全面，或是由于党支部组织和活动的局限性而造成的信息闭塞。这一问题的存在使得党建工作往往脱离了实际需求，难以真正满足党员、群众的期待和诉求。

第一，要加强调研和交流机制。党支部可以通过定期开展调研活动，采用问卷调查（附录二）、座谈会等形式，深入了解党员、群众的思想动态、关切焦点和需求诉求。通过这些调研活动，可以及时掌握党员、群众的意愿和诉求，为制定党建工作的策略和方案提供科学依据。

第二，要拓宽信息渠道，畅通党员、群众的反馈渠道。党支部可以通过建立多样化的沟通平台，如微信群、QQ 群、网上留言板等，让党员、群众可以随时随地表达自己的意见和建议。同时，还可以通过定期召开座谈会、民主生活会等形式，邀请党员、群众参与讨论，充分听取他们的意见和建议。

第三，要建立健全反馈机制，及时处理党员、群众的诉求。党支部应当建立健全信息反馈和处理机制，对收集到的党员、群众意见和建议进行认真分析和研究，并及时采取有效措施加以解决。通过这种方式，可以增强党员、群众的参与感和获得感，提升党建工作的针对性和实效性。

第四，要加强党员、群众教育，提高他们的组织观念和积极性。党支部可以通过开展党性教育、思想政治教育等活动，引导党员、群众增强组织观念，主动参与党建工作，形成良好的组织氛围和工作氛围。

（4）对师生生活和工作学习情况了解得不透彻

党支部对师生生活和工作学习情况了解不透彻的问题，直接影响了党建质量的提升和服务的有效性。缺乏对师生真实需求和困难的全面了解，使得党支部在开展服务工作时往往无法把握关键信息，难以提供有针对性地支持和帮助。因此，建立健全信息反馈机制，加强与师生的沟通和交流，成为提升党建质量和服务水平的关键一环。

第一，建立多层次、多渠道的信息反馈机制。党支部可以通过建立网络平台、设立信息邮箱、定期开展座谈会等方式，搭建师生与党支部之间的信息沟通桥梁。这些渠道可以为师生提供一个畅所欲言的平台，让他们随时随地表达自己的想法和意见。

第二，加强对师生的定期走访和调研。党支部可以组织党员干部走进教室、走进学生宿舍，深入了解师生的生活状况、学习情况和工作需求。通过实地走访和面对面的交流，可以更加直观地掌握师生的真实情况，发现存在的问题和困难。

第三，建立健全师生心理健康服务体系。党支部可以组织心理健康专家开展心理健康教育和咨询服务，关注师生的心理健康需求，及时解决他们在学习、工作和生活中面临的心理问题。通过建立心理健康档案和定期心理健康评估，可以全面了解师生的心理状态，有效预防和化解心理健康问题。

第四，加强对师生需求的分析和研究。党支部可以通过开展调查研究、组织座谈交流等方式，深入挖掘师生的需求特点和诉求重点，为制定更加精准的服务计划和项目提供科学依据。同时，也可以通过收集和分析师生的反馈意见，及时调整和改进服务措施，不断提升服务水平和质量。

2. 党建质量工作的重点分析

（1）强化理念引领，明确发展方向

通过加强对党员的理想信念教育，提升党员的政治觉悟和思想境界，可以有效引领党员在思想上与党中央保持一致，坚定不移地走中国特色社会主义教育发展之路。

第一，加强理想信念教育，培养党员的政治觉悟。高校教师党支部可以通过开展党课学习、主题教育等形式，加强对党员的理想信念教育，让党员牢记入党初心，坚定理想信念，增强政治觉悟，树立正确的世界观、人生观、价值观。

第二，明确高校教师党支部的党建定位和发展方向。党支部应明确自身定位，紧密围绕教育事业的中心任务和党的教育方针，发挥党组织在高校教育教学改革中的引领作用。党支部要结合学校实际，确定发展方向和工作重点，提出具体的发展目标和任务，为全体党员提供明确的奋斗目标和前进方向。

第三，引导全体党员向党中央对教育事业的要求看齐，坚定不移地走中国特色社会主义教育发展之路。高校教师党支部要积极响应党中央对教育事业的号召，认真贯彻落实党的教育方针，推动学校教育事业全面发展。党支部要加强组织引领，营造良好的政治生态，为全体教师提供思想上的指导和政治上的保障，共同为实现中华民族伟大复兴的中国梦而努力奋斗。

（2）实现差异化服务，满足多样需求

实现高校教师党支部建设的差异化服务，满足多样化的需求，需要建立灵活多样的服务机制，因地制宜地制定服务方案，以更好地满足不同类型高校、不同学科专业的教师的需求。

第一，针对不同类型的高校和教师群体，制定差异化的服务方案。对于综合性大学、理工类院校、师范类院校等不同类型的高校，应结合其特点和发展需求，量身定制党建服务方案。例如，对于师范类院校的教师，可以加强教育教学理论知识的培训和交流；对于理工类院校的教师，可以组织科研成果交流和学术讲座；对于综合性大学的教师，可以着重强化综合素质和跨学科交流。

第二，通过定期调研和座谈会等形式，深入了解党员的实际需求。党支部可以定期组织开展的调研活动，通过问卷调查、座谈会等方式，全面了解党员的思想动态、工作生活情况和发展需求。通过深入了解党员的实际情况，可以更加精准地制定党建服务方案，提供有针对性地支持和帮助。

第三，建立健全反馈机制和沟通渠道，及时了解党员的意见和建议。党支部可以建立党员代表大会、党员代表联络站等机制，鼓励党员积极踊跃表达意见和建议，及时反映问题和需求。通过充分听取党员的意见和建议，及时调整和改进党建服务方案，确保服务工作更加贴近党员的实际需求。

（3）加强信息化建设，提升服务效能

第一，建立全面的信息化平台是必不可少的。该平台应包括党员信息管理系统、党建工作统计分析系统、服务需求反馈系统等模块，涵盖党支部工作的方方面面。党员信息管理系统可以记录党员的基本信息、党内学习情况、党费缴纳情况等，实现党员信息的全面管理和查询；党建工作统计分析系统可以统计分析党建工作的进展情况和效果，为决策提供科学依据；服务需求反馈系统则可以收集师生的需求和意见，为服务提供有力支撑。

第二，信息化手段可以实现工作信息的准确化和及时化。通过信息化平台，可以实时记录和更新党员的学习情况、参与活动情况等信息，保证数据的准确性和实时性。同时，党员和群众也可以通过该平台及时反馈需求和意见，实现信息的双向传递，确保服务可以及时响应和调整。

第三，信息化建设还可以提升党建服务的效能和水平。通过信息化手段，可以实现工作流程的规范化和自动化，减少人力资源的浪费和管理成本。同时，可以借助大数据分析等技术手段，对党建工作进行精细化管理和个性化服务，提升服务的针对性和效果。

（二）党建工作与业务工作缺乏互动联系

1. 高校基层党建工作对业务工作助力有限

高校业务工作的核心是育人，即培养面向未来发展需要的各类人才，育人工作是由每位高校教师通过教学、科研和社会服务等业务工作来实现的，而这些业务工作的效果则取决于每位教师的工作态度与工作能力。要实现每位教师都尽其所能地勤勉工作，必须依靠教师所在的“系所”作为行政机构来激励和约束教师。目前，党组织通过党建活动来参与业务工作的深度和广度都还不足。从党组织的职能出发，党组织本身是需要从党性修养、思想认识的高度来激励和约束党员教师的，但在实际工作中还显不足，还需强化党建活动的业务导向。

2. 业务工作也对党建工作助力有限

每位党员教师在开展教学科研等育人工作的过程中，都积累了各自的业务经验，但大家的工作经验、工作智慧与支部党建工作还缺乏联系，这些业务工作的经验还没有创造性地运用到党建的活动策划和开展中来，造成了智力资源的搁置。因此，应加快实现高校党建资源优化配置和优势互补。

3. 党支部委员会的工作机制尚需完善

《关于加强新形势下高校教师党支部建设的意见》明确指出，凡有正式教师党员 3 人以上的单位，均应建立教师党支部；而对于正式党员 7 人以上又不足 50 人的基层单位，经上级党组织批准可成立党支部委员会（以下简称支委会），支委会则是党支部的领导班子，负责党支部的日常工作。因此，支委会是整个党支部的核心。对于高校教师党支部而言，支委会中的 3 至 4 名委员是否能发挥好领导职能，直接影响着党支部的党建工作质量。目前，高校教师党支部主要是以系为单位构建的，在支委委员选举产生之前，相关党员教师可能还未担任过委员职务，初期履职的经验和能力尚需提高，支委会的工作机制也尚需磨合完善。

4. 教师党支部与学生党支部联系不紧密

教师党支部与学生党支部联系不紧密，是当前高校党建工作中存在的一种不足和缺憾。虽然两者都是学院党委领导下的不同党组织，但在实际开展党员活动和服务时，往往是各自为政，缺乏有效的联动和合作。这种现象，不仅影响了党建工作的全面展开，也影响了教师和学生之间的沟通与交流，从育人的角度来看，值得深思和改进。

第一，教师党支部与学生党支部联系不紧密，可能与双方的工作重心和发展目标不够统一有关。教师党支部更注重教育教学科研等业务活动，而学生党支部则更侧重于引导学生思想、组织建设等学生工作。由于工作重心不同，导致双方在党建工作上的联系不够紧密，缺乏深度的交流与合作。

第二，双方党组织之间的沟通渠道和机制不够畅通也是问题所在。在大多数高校中，教师党支部和学生党支部往往是各自为政，缺乏有效的交流渠道和协作机制。由于缺乏有效的组织和平台，教师和学生之间的互动和交流往往局限于课堂教学和学术研究，而在党建活动中缺乏深入的合作与交流。

第三，加强教师党支部与学生党支部的联系，需要建立起有效的合作机制和沟通渠道。可以通过定期召开教师党支部和学生党支部联席会议，促进双方的交流与合作；也可以组织开展一些联合党建活动，如志愿服务、主题党日等，加强师生之间的沟通与交流，增进彼此之间的了解与信任。

二、教师党支部建设存在问题的原因分析

当前，部分高校教师党支部建设在标准化和规范化方面存在短板、弱项和不足，原因是多方面的，可能一个原因会导致一个或多个不良的后果，也可能多个原因共同导致一个明显不好的结果。总的来看，部分高校教师党支部组织力尚待增强的原因是其日常建设、条件保障还有提高的空间；这部分高校教师

党支部在思想认识、规章制度、组织生活等方面的问题，是造成他们日常建设虚化、条件保障淡化的内在根源。

（一）对于支部建设的重要性认知滞后

高校教师党支部建设，每个高校都有涉及。高校的日常工作中或多或少涵盖有教师党支部建设的规划或计划，高校党委一般也会将教师党建划入某位学校领导的分管工作当中，但部分高校教师党支部建设仍然面临着“谈起来重要，做起来次要，忙起来不要”的尴尬处境，仍然处于“无人负责”“有人负责但推动不到位”的不利局面。问题实质在于高校轻视党建、不知如何推进党建的思想认识问题不同程度地存在，注重业务、轻视党建的现象仍然比较严重，没有得到根本扭转和解决。思想是行动的先导，思想的滞后会影响行动的滞后。思想滞后，教师党支部建设无论是在总体规划上还是在具体谋划、实践策划上都会受到影响，在现实中也将难以产生实质而显著的成效。

教师党员作为高级知识分子，往往在各自科研领域有自己的成果，对新鲜事物、新的思想观念非常敏感，有自己独立思考的习惯和能力，这一点比较容易养成“文人相轻”的观念。他们不同于必须依靠加强彼此合作才能完成日常任务的工厂工人，课堂之外比较自由，独立性地承担、完成科研任务比较常见，这就很容易使教师党员养成个人主义、分散主义、自由主义的思想，缺乏组织观念、漠视集体行动，将党务活动看成“虚头巴脑”的“软任务”，把业务提升看成“正事”“实事”和“硬任务”，在思想根源上不利于党支部日常工作的开展。此外，部分教师党员的头脑中还残存着一些不利于教师党支部建设的错误观念。诸如“党支部工作对我们业务发展没什么用”“党支部工作给我们平添很多工作量”等，这将影响他们投入党务活动的态度、意志和信心，让他们从根上排斥党支部活动。一些教师党员认为支部组织生活会就是单纯的“党员发展大会”“党员转正大会”抑或“日常业务工作会议”，甚至一些人认为组织生活作用不大，过多开展还会影响基层正常的工作，这些认识都没有正确理解和把握组织生活会的价值和意义。

还有些人认为组织生活会中的“批评与自我批评”环节往往不能很好地完成对支部成员的批评工作，还会引发甚至激化矛盾，不利于支部团结，这个环节应该淡化甚至取消，或者改为背对背进行，这些认识产生的原因是没有看到坚持批评与自我批评是我们党勇于清除侵蚀自身“病菌”、永葆自身先进性纯洁性的根本方式。

（二）约束规范支部的制度设计仍有短板

支部制度设计方面仍有待完善。在教师党支部的工作中，存在一些问题，仅依靠思想认识的提高或一两次的专题整顿是远远不够的。过去我们也通过开展各种整顿运动来解决问题，虽然效果有，但也存在一些弊端。总的来看，这种方式不利于调动广大党组织和党员干部的积极性，甚至容易抑制党的生机活力。因此，指导和开展党的一切活动，都应该受到制度的约束，以保障党建工作的方向和内容在较长时间内得到坚持和践行，不失真、不变味。

对于教师党支部而言，其建设地位、内容和效果均未达到理想状态，根本原因在于缺乏严格按照党内法规制度的要求，建立健全并严格执行相关规章制度。缺乏规章制度和纪律规范，将使得党支部软弱涣散，缺乏组织力，丧失政治功能，无法发挥应有的作用。对支委成员没有严格的约束和要求，对教师党员的日常管理、教育和监督也缺乏持续的约束力和管控力，这导致教师党支部出现软弱涣散现象。其中，一个重要原因是没能从制度建设上着手，制定出常态化的规章制度进行要求、管理和评价。

一些党员领导干部可能会将教师党支部的制度建设置于次要位置，将精力投入到其他党务和业务上，这是一种误解。实际上，抓好制度建设，督促制度的执行，发挥制度在领导、教育、监督、管理和评价等方面的作用，是推动支部建设发展的关键。反之，如果一个教师党支部连制度建设都无法抓好，那么其他各方面工作即使取得了突出成绩，也是难以想象的。

（三）统筹支部建设发展的体制机制架构存在缺陷

任何组织或个人“给下属部门或个人下达任务时，应明确规定其职责，授予他们同职责相适应的权力的原则”，唯有遵循权责相应的原则，避免“责任大、权力小”或者有权无职的弊端，工作才能顺利推进，任务方能圆满完成。教师党支部正常建设目标任务的制定与实施、具体建设活动的谋划与组织、建设发展所需要资源的争取与调配等许多重要建设内容都需要有一定的领导机构、人员，按照一定的运行方式进行才能完成。如果只是空谈这些职责任务却不通过健全体制机制配置相应的权力、资源，那么教师党支部建设将会杂乱无章，耗费大量的资源和精力却很难取得显著效果。

合理、顺畅的工作体制是帮助教师党支部厘清隶属关系、细化职责、清晰界定权力的主要方式，通过对工作资源（包括人力、智力、物力、财力等）的配置，明确了对工作中权力、责任的界定，完成对工作重点的部署和安排，这样就能促进党支部工作合理有序、衔接顺畅、配合紧密、效能明显地开展，将党支部周围的资源有机调动起来，形成“有人管事”“有钱做事”“有精力议事”“有平台干事”的生动局面。支部具体管理机制的匮乏也会影响教师党支部的建设效果。空有工作目标，没有机制，犹如“水中月”“镜中花”一样只能空想而无法实现。务实有效的工作机制，是实现工作任务和目标的必经环节和重要方式。众所周知，能够发挥战斗堡垒作用的教师党支部，需要承载的职责和任务非常多，诸如具备能发挥效力的健全制度，兼具形式与内容的组织生活，拥有如石榴籽一样紧紧抱在一起的团队凝聚力，握有振臂一呼、师生云集的组织号召力等。这些职能和作用的发挥，没有一定机制进行常态化地运行，是不可能做到的。

又如，只是强调教师党支部书记要参与所在行政机构的重大、重要事项的决策议事工作，而没有从体制上明确党支部书记的职责、权力，没有从机制上界定党支部书记参与行政议事决策工作的程序，最终效果恐怕难以尽如人意。现实中教师党支部会出现这样那样的问题和不足，与其没有建立起科学有效的体制机制有很大关系。例如，缺乏对教师党支部建设的领导组织架构，相关建设责任就难以厘清。向高校教师党支部提供政策、项目等宏观方面的支持（如明确教师党支部书记要参与所在行政机构重大、重要事项的决策议事工作，从体制上明确支部书记的职责、权力），一般需要学校层面的领导机构作出规定。对教师党支部建设进行针对性更强的中观方面的业务指导，大多由学院层面的领导机构完成。而对教师党支部日常建设中各项工作的统筹安排，往往由支部层面的领导机构主要负责。

又如，在体制上不健全相关机构，不明确相关职能，教师党支部政治功能的发挥会受到影响，教师党支部会在对所在单位各方面工作全面监督领导、有效引领师生思想动态、制止及清除损害党和国家形象的言行等方面消极被动，在吸引优秀人才（如海外留学归国教师、青年教师等）入党、增强在教师群体中的号召力等方面将缺乏足够的底气和硬气，难以增强和增进他们的入党意愿，壮大党组织规模。

再如，组建方式滞后影响了支部堡垒作用的发挥。随着高校院系、教研室规模的扩大及学科方向的拓展，基层党组织的归属感逐渐淡化，党建聚焦中心业务的难度越来越大，不同学科方向、研究团队、科研课题组分离度愈发增大，业务上带有的“鸿沟”自然会影响思想上的交流和互动，传统的支部设置方式在时空上难以做到对教师党员进行全方位、无死角的日常监督、教育和管理，组织生活的有效开展渐渐沦为形式，党建推动业务发展的效能势必变弱。

（四）教育管理支部的组织生活内容仍不理想

教师党支部的组织生活内容尚未达到理想状态。教师党员作为支部的核心成员，对其需求的关注是支部活动的关键所在，这使得支部活动具有了针对性和实际效果。

随着社会主义市场经济的不断推进，社会的转型升级和体制机制的深刻变革调整，教师党员的观念和想法发生了重大变化，呈现出了多元化、独立性、多变性和差异性等特点。因此，支部组织生活必须紧密围绕教师党员的现实关切和利益诉求展开，不仅要加强教育管理工作，还要解决他们在思想、工作和生活方面的困惑和压力，使他们深刻地感受到党组织的温暖和力量。

另外，支部组织生活的效果并不理想。支部组织生活的质量对教师党支部的发展至关重要。内容和形式的创新程度不够，这是支部组织生活的核心和灵魂，也是其生命力所在。时代在不断发展，如果支部成员仍然停留在20世纪的组织生活模式和方式中，缺乏勇于探索的意愿和行动，那么支部的发展就会受到阻碍。因此，支部应该积极探索新的组织生活模式和方式，以适应时代的发展需求。

此外，支部在组织生活的内容建设方面也存在一些问题。活动的频率、主题的鲜明性、程序的科学性、内容的针对性、准备的充分性等方面需要得到加强。这需要支部长期坚持不懈地努力，才能取得良好的效果。

（五）持久涵养支部的组织文化建设举措不力

文以载道，以文化人。文化是育人的根本力量，文化对人和群体的影响程度最为深邃、影响时间最为持久、影响效果最为显著。大多数教师党支部都知道培育组织文化的重要性，但由于缺乏科学的思路、理念和举措，加上组织文化的形成需要较长的时间，在支部内部形成拥有强大而持久影响力的组织文化变得非常困难，这也成为深层次制约当前教师党支部建设发展的一大瓶颈。

1. 建设思路不科学

教师党支部组织文化建设需要一个科学的发展规划，这是抓好支部建设、提升支部发展质量、推动支部党务与业务工作融合发展的重要思路。好的建设思路和谋划应该具有政治性、时代性、原则性和战斗性，必须避免散漫化、庸俗化和娱乐化的倾向。

2. 缺乏科学的融合理念

中国共产党成立和建设的目的，从大的方面来说是实现共产主义，从小的方面来说是完成现阶段的奋斗纲领和任务。党是带领人民实现伟大目标的重要法宝，这决定了教师党支部在培育组织文化时应树立将党建和业务发展相融合、以党建促进事业发展的核心理念，紧紧围绕自身先进性、纯洁性建设，推动教师党员个人、学科、人才培养和学校的内涵发展。如果没有深刻领会和把握这一点，教师党支部建设难以取得长久而健康的发展。

3. 缺乏有效的支部活动

支部活动的有效性不足。要形成支部组织文化，需要持续开展一系列成体系的活动。一方面，必须将规范和创新融入支部的日常生活中。规范性是支部正常运行的前提和基础，而创新性则是支部获取生机和活力的源泉和动力。只有在党支部的日常工作中坚持规范性的同时，又能结合实际勇于创新，这样才能营造具有先进性和战斗力的文化氛围。另一方面，必须将底线意识和高线意识融入党支部的日常活动中。党支部建设就像逆水行舟，不进则退。缺乏底线意识，党支部组织生活就会缺乏系统的计划、鲜明的主题、有效的载体、科学的制度、自身的特色和显著的效果，党支部文化也将丧失存在的根本。没有高线意识，就意味着对未来缺乏规划和定位，不能在党支部活动方式、品牌建设、发展模式、预期成果上提出高层次的期待，党支部文化建设就容易陷入迷茫、徘徊，难以调动和凝聚自身及周围的力量，成为有凝聚力、创造力和战斗力的基层党组织。

第三节　现状评估与反思

一、对教师党支部纪律建设现状的客观评价

（一）现行纪律建设存在的优势和成绩

1. 加强组织管理

（1）建立健全的党组织机构

教师党支部在加强组织管理方面取得了优势。通过建立健全党组织机构，包括党支部委员会、党小组等，确保了党组织体系的完整性和稳定性。这些机构不仅有助于党建工作的开展，也为党员教师提供了参与党内事务的平台。

（2）加强对党员教师的教育和监督

教师党支部通过建立健全管理制度，加强对党员教师的教育和监督，提高了党建工作的组织化水平。例如，定期组织开展党课学习、组织生活会议等活动，加强党性教育和思想政治工作，有效提升了党员教师的思想认同和组织观念。

2. 规范党员行为

（1）制定党内管理规定和行为准则

教师党支部在规范党员行为方面取得了成绩。通过制定党内管理规定和行为准则，明确了党员教师的职责义务和行为规范，为党员的行为举止提供了明确的指引。这有助于维护党内纪律，提高党员的政治素养和社会形象。

（2）规范党内生活制度

党支部建立了规范的党内生活制度，如组织生活会、民主评议党员等，有效促进了党员之间的交流和互动，增强了党内凝聚力和战斗力。

3. 加强教育培训

（1）开展各种形式的党员教育培训活动

教师党支部通过开展各种形式的党员教育培训活动，提高了党员教师的思想政治水平和专业素养。例如，组织举办主题党日活动、专题讲座、党课学习

等，使党员教师深入了解党的理论和方针政策，增强了他们的党性观念和组织意识。

（2）加强对新党员的培训引导

针对新党员，教师党支部开展了有针对性地培训和引导工作，帮助他们尽快融入党组织，增强党性观念和组织意识。通过定期组织新党员入党教育和培训，使其更好地理解党的基本知识和组织原则，增强党性修养和党员责任感。

（二）存在的问题和不足

1. 制度执行不到位

（1）认识不够深入

一些党员教师对纪律规定的认识存在欠缺，对制度的重要性和必要性认识不足。这可能源于对纪律建设的理解不够深刻，或者是因为制度宣传和培训不到位，导致了党员教师对制度执行的不积极。

（2）制度执行不严格

部分党员教师在日常工作中对纪律规定的执行不够严格，存在敷衍塞责的情况。这可能与制度执行的监督不力、违纪行为的处理不及时等因素有关。

2. 监督管理不足

（1）缺乏有效手段和措施

一些教师党支部在监督管理方面存在缺乏有效手段和措施的情况。由于监督管理工作缺乏科学性和系统性，难以及时发现和解决存在的问题，导致管理效果不佳。

（2）管理存在盲区

存在管理盲区的情况，部分党员教师的行为和言行没有得到及时监督和纠正。这可能与党建工作人员的管理能力和水平不足、管理手段不够灵活等因素有关。

3. 党建服务不够精准

（1）普遍化服务

党建服务比较普遍化，缺乏针对性和差异化，无法有效满足党员教师的实际需求。一些党建活动缺乏针对性和创新性，难以激发党员教师的积极性和创造性。

（2）个性化需求满足不足

针对党员教师的个性化需求，党建服务还存在一定的不足。当前党建工作未能充分考虑到不同党员教师的实际情况和需求，缺乏个性化服务和支持措施。

二、过去工作中的成功经验与不足之处

（一）成功经验

1. 注重教育培训

（1）多样化培训形式

过去工作中的成功经验之一是注重多样化的教育培训形式。除了常规的党课学习外，还开展了主题讲座、研讨会、座谈交流等形式的培训活动。这样使党员教师可以从不同角度、不同形式的培训中获得丰富的知识和经验，提升了他们的综合素质。

（2）专业化培训内容

注重教育培训的内容也十分关键。针对党员教师的实际需求，开展了与教育教学、学科研究相关的专业化培训，帮助党员教师提高了教学水平和科研能力，增强了他们的专业素养。

2. 建立健全制度

（1）制度的全面性

过去工作中成功的经验之二是建立了全面健全的制度。这些制度涵盖了党内管理、党员行为规范、奖惩机制等方面，覆盖了党员教师工作生活的方方面面。制度的全面性保证了党建工作的全面开展和有序进行。

（2）制度的刚性执行

建立健全的制度也需要刚性执行。过去的成功经验表明，只有制度得到严格执行，才能真正发挥其规范和约束作用，推动党员教师的行为更加规范，党建工作才能取得更好的成效。

（二）不足之处

1. 制度执行不到位

（1）执行力度不足

尽管建立了一系列的纪律管理制度，但在实际执行中存在着执行力度不足

的情况。一些党员教师对纪律规定的认识不够深入，缺乏对制度的自觉执行，导致制度执行效果不佳。

（2）执行监督不足

制度执行过程中缺乏有效的监督机制。监督不足导致一些党员教师对制度执行产生了漠视和忽视，严重影响了纪律建设的有效性和严肃性。

2. 监督管理不足

（1）监督手段不够多样

一些教师党支部在监督管理方面存在缺乏多样化的监督手段和措施等问题，导致对党员教师的行为和言行监督不到位，容易出现管理盲区。

（2）监督对象不明确

另外，监督管理中存在监督对象不明确的情况。部分党支部对监督的对象范围和内容界定不清，导致监督管理工作的针对性和有效性不高。

三、反思与改进措施的提出

（一）反思

1. 理念引领不足

（1）缺乏核心理念

教师党支部纪律建设在理念引领方面存在不足，缺乏清晰的核心理念和目标。由于缺乏明确的理念指引，纪律建设工作缺乏方向性和针对性，容易偏离党的宗旨和教育事业的发展方向。

（2）需要加强反思

面对这一问题，我们需要更多地反思党支部的核心理念和目标，以确保其与党的宗旨和教育事业的发展方向相一致。通过深入研究和思考，建立起符合时代需求的党建理念体系，为纪律建设工作提供更有力的指导。

2. 差异化服务不足

（1）需求了解不充分

在过去的工作中，针对不同类型的高校和教师群体的差异化服务存在不足。这表明我们在了解不同群体的需求和特点方面还有待加强，需要更深入地了解不同群体的实际情况和需求。

（2）制定个性化方案

为了解决这一问题，我们需要建立起更加精准的需求调研机制，深入了解不同群体的党建需求，并且有针对性地制定个性化的党建服务方案。通过差异化的服务方式，满足不同群体的多样化需求，提升党建工作的针对性和有效性。

（二）改进措施

1. 加强理念引领

（1）加强理念教育

通过加强理想信念教育，提升党员的政治觉悟和思想境界。通过组织各类党课学习、主题教育等形式，引导党员深入学习党的理论和路线方针政策，坚定中国特色社会主义道路自信、理论自信、制度自信、文化自信。

（2）明确党建定位

需要明确高校教师党支部的党建定位和发展方向。确保党支部工作与党中央的要求和教育事业的发展方向相一致，推动党建工作朝着正确的方向前进。

2. 实施差异化服务

（1）针对不同群体制定方案

针对不同类型的高校和教师群体，制定差异化的党建服务方案。通过深入调研和座谈会等形式，了解党员的实际需求，为其提供个性化的支持和服务，满足其多样化的需求。

（2）加强沟通和交流

加强与党员之间的沟通和交流，建立密切的联系和互动机制。定期通过座谈会、谈心谈话等方式，了解党员的心声和需求，及时调整和优化党建服务方案。

3. 加强信息化建设

（1）建立信息化平台

建立健全信息化平台，实现党支部工作信息的全面性、准确性和及时性。通过建立党员信息数据库、党建工作平台等信息化手段，提高信息获取和管理的效率。

（2）及时了解需求

通过信息化手段，及时了解师生的工作学习情况和需求。利用现代化技术手段，建立起党员需求反馈机制，为党建服务提供及时的数据支持和决策依据。

第四章　教师党支部纪律建设的制度创新

第一节　制度框架与体系建设

一、教师党支部纪律建设的制度基础概述

教师党支部纪律建设的制度基础概述旨在确立党组织在教育系统中的重要地位，并着重强调建立健全的党内纪律管理制度的重要性，以规范党员教师的行为，从而促进教育事业的健康发展。这一基础是教师党支部纪律建设的基石，其内容主要包括以下几个方面：

第一，党章党规作为党的根本大法，为教师党支部纪律建设提供了最基本的法律依据。党章党规规范了党员的行为准则和组织生活的要求，明确了党员应当遵守的纪律规定，为教师党支部落实党的基本要求提供了指导。

第二，法律法规对教师党支部纪律建设也具有重要影响。教育系统作为公共领域，受到国家法律法规的严格监管。相关法律法规，如《教育法》《教师法》等，规定了教师的职责和权利，对党员教师的行为提出了具体要求，为教师党支部纪律建设提供了法律依据。

第三，学校相关制度也是教师党支部纪律建设的重要组成部分。学校作为教育系统的一部分，其内部管理制度对教师行为的规范和管理起着重要作用。学校制定的诸如教师行为规范、教师奖惩办法等制度，为教师党支部纪律建设提供了具体操作的指导和依据。

二、制度框架的构建原则与思路

（一）依法依规

1. 法律法规的依据

法律法规的依据是制度建设的根本保证。首先，我们需要对国家法律法规和党章党规进行深入理解和准确把握。这需要党员教师具备一定的法律意识和法律知识，能够准确理解法律法规的要求和精神。只有充分了解并准确理解国家法律法规和党章党规，才能确保制度的合法性和有效性。教师党支部纪律制度框架应当以党的政策法规为指导，确保与国家法律法规和党章党规相一致，不与其相抵触，不违反党的政策法规。

（1）深入学习法律法规

为了确保教师党支部纪律制度框架与法律法规一致，党员教师需要深入学习法律法规。这包括学习宪法、法律、行政法规、党章党规等相关法律文件。通过学习，党员教师可以深入了解国家法律法规的基本内容和精神，明确党员教师在教育教学工作中的法律地位和法律责任，为教师党支部纪律制度框架的制定提供法律依据和保障。

（2）合法性和有效性

教师党支部纪律制度框架必须符合国家法律法规和党章党规的要求，保证其合法性和有效性。在制定制度框架时，要确保各项规定符合国家法律法规的规定，不得违反其规定。同时，要充分考虑教育教学实践中的具体情况和实际需求，确保制度规定的实施能够取得预期效果，保证制度的有效性。

2. 程序的规范性

（1）合法、透明地制定程序

在制定教师党支部纪律制度框架时，必须严格遵循合法、透明的程序。这包括但不限于充分听取各方意见，形成广泛共识；严格依照程序制定和修改制度，并经过相关权威部门审查批准；确保制度的公开透明，让所有党员教师都能够了解和遵守制度规定。只有通过规范的程序，制定出的制度框架才能够得到广泛认可，得以有效执行。

（2）充分听取各方意见

制定教师党支部纪律制度框架时，应当充分听取党员教师和相关利益主体的意见和建议。通过广泛征求意见和建议，可以充分了解各方的需求和诉求，形成更加科学合理的制度框架。在听取意见的过程中，要注重对不同意见的平衡和综合，确保制度框架的公正性和合理性。

（3）公开透明的程序

制定教师党支部纪律制度框架的过程必须公开透明，让所有党员教师都能够了解和参与。通过公开透明的程序，可以增加制度制定的公正性和合法性，保障党员教师的知情权和参与权。同时，公开透明的程序也有利于制度的执行和监督，提高制度的执行效果和社会认可度。

3. 权益的保障

（1）法律权益的保障

依法依规的另一个重要方面是保障党员教师的权益。教师党支部纪律制度框架必须确保党员教师在党的管理下享有法律规定的权利。这包括但不限于对言论自由、人身自由、受教育权等基本权利的保障。同时，也要明确规定党员教师的义务和责任，确保党员教师能够履行自己的党员义务，为教育教学事业作出应有的贡献。

（2）公平公正的待遇

制度框架还应当保障党员教师公平公正的待遇。这包括但不限于对工资待遇、晋升机会、奖惩制度等方面的保障。要坚持以能力和业绩为评价标准，公平公正地对待党员教师，激励其发挥应有的作用和能力，推动教育事业的健康发展。

（3）建立健全的依法维权机制

为保障党员教师的权益，应建立健全的依法维权机制。这包括设立维权投诉渠道、建立维权处理机构等措施，确保党员教师的合法权益得到有效保障。同时，要加强对党员教师的法律教育，增强其法律意识和维权意识，让党员教师能够依法维护自身的合法权益。

（二）服务教育事业

1. 教育事业的导向

（1）教育事业的重要性

教育事业是国家发展的基础，也是社会进步的关键。因此，制定教师党支部纪律制度框架时，必须将服务教育事业作为首要任务。教育事业导向的确立要深入理解教育的本质和目标，将其确定为服务人民、促进社会发展、培养德智体美全面发展的社会主义建设者和接班人。

（2）教育事业的实际需求

在制定制度框架时，必须充分考虑教育事业的实际需求和发展方向。这包括教育资源的合理配置、教育改革的深入推进、教育教学模式的创新等方面。只有深入了解教育事业的需求，才能制定出符合实际情况的制度框架，为教育事业的健康发展提供有力保障。

（3）学校的办学特点和发展目标

针对不同学校的办学特点和发展目标，制度框架的导向也会有所不同。一所特色鲜明的学校可能更加注重创新教育模式和人才培养机制的建设，而一所传统型的学校可能更加关注传统教育文化的传承和发展。因此，制度框架的导向应当结合学校的具体情况进行灵活调整，确保制度的贴近度和实效性。

2. 教师队伍建设的重要性

（1）培养教师队伍的专业素养和教育理念

教师队伍建设是服务教育事业的关键环节。教师作为教育事业的主体，其专业素养和教育理念的提升直接影响着教育质量和教育效果。因此，制度框架应当注重培养教师队伍的专业素养和教育理念，通过建立健全培训机制和评价体系，提高教师的教学水平和教育能力。

（2）激励教师的创新精神和教育热情

激励教师的创新精神和教育热情是推动教育事业发展的重要动力。制度框架应当通过建立奖励制度、激励机制等方式，鼓励教师积极探索教育教学的新方法、新途径，不断提升教育质量和教学效果。

（3）加强教师队伍建设的组织管理

教师队伍建设的组织管理是教育事业顺利开展的重要保障。制度框架应当注重加强对教师队伍的组织管理，建立健全的人事管理、考核评价、岗位设置等制度，提升教师队伍的凝聚力和战斗力。

3. 教育事业的可持续发展

（1）教育资源的合理配置和有效利用

教育资源的合理配置和有效利用是教育事业可持续发展的重要保障。制度框架应当注重教育资源的整合和优化配置，提高资源利用效率，确保教育事业的可持续发展。

（2）教育管理的科学化和规范化

教育管理的科学化和规范化是推动教育事业发展的重要保障。制度框架应当注重建立健全教育管理制度和规范，提高教育管理水平和服务质量，推动教育事业不断向前发展。

（3）教育改革的创新性和探索性

教育改革的创新性和探索性是推动教育事业不断发展的动力源泉。制度框架应当注重激发教育改革的内在动力，鼓励学校和教师积极探索教育改革的新路径、新模式，推动教育事业不断创新和发展。

（三）科学合理

1. 充分调研分析

（1）了解教师党支部的实际情况

在构建科学合理的制度框架时，必须深入了解教师党支部的实际情况和发展阶段。这需要对党支部的组织结构、党员教师的数量和素质、党建工作的开展情况等进行全面调研和分析，以便准确把握制度建设的方向和目标。

（2）党员教师特点和需求的分析

除了党支部的情况外，还需要深入分析党员教师的特点和需求。这包括教师队伍的年龄结构、学科专业、工作经验、教学水平等方面的情况，以及他们在党建工作、教育教学等方面的需求。只有深入了解党员教师的实际情况，才能制定出符合实际需求的制度框架。

（3）制度建设方向和目标的确定

在充分调研分析的基础上，需要确定制度建设的方向和目标。这需要根据调研结果，明确制度建设的重点和着力点，确定制度框架的总体目标和具体目标，为制度建设提供清晰的思路和指导。

2. 灵活适应实际

（1）制度框架的弹性和可塑性

科学合理的制度框架应当具有一定的弹性和可塑性，能够灵活适应实际情况的变化。这意味着制度框架应当具有一定的开放性和包容性，能够容纳不同学校、不同党支部的特点和需求，确保制度的适用性和灵活性。

（2）实际情况的考量

在制定制度框架时，必须充分考虑教师党支部的实际情况和发展需求，确保制度的实用性和可操作性。这包括但不限于对学校的规模、地域特点、教育资源等方面的考量，以及对党员教师队伍的构成、素质、工作需求等方面的考量。

（3）制度的灵活调整和完善

制度框架应当具有灵活调整和完善的机制，能够根据实际情况进行及时调整和完善。这需要建立健全制度修改和完善机制，明确责任部门和流程，确保制度的及时响应和灵活调整。

3.持续评估和改进

（1）建立健全的评估机制

科学合理的制度框架需要建立健全的评估机制，定期对制度框架进行评估。评估内容可以包括制度执行情况、制度效果评估、党员教师满意度调查等方面，以便及时发现问题和不足，为制度改进提供科学依据。

（2）及时调整和完善

通过评估结果，需要及时对制度框架进行调整和完善。这需要建立快速反应机制，明确制度修改的流程和程序，确保制度的及时调整和完善，提高制度的适应性和科学性。

（3）科技手段的应用

可以借助现代科技手段，提高制度评估的科学性和准确性。这包括但不限于数据分析、人工智能等技术的应用，以提高评估结果的科学性和客观性，为制度改进提供更加可靠的数据支持。

第二节　制度设计与完善

为了更好地推动教师党支部纪律建设，制度的设计和完善显得尤为重要。在这一过程中，精准定位和充分参与是关键，而制度的实施路径与策略则需要经过调研评估和启动流程的有序进行。

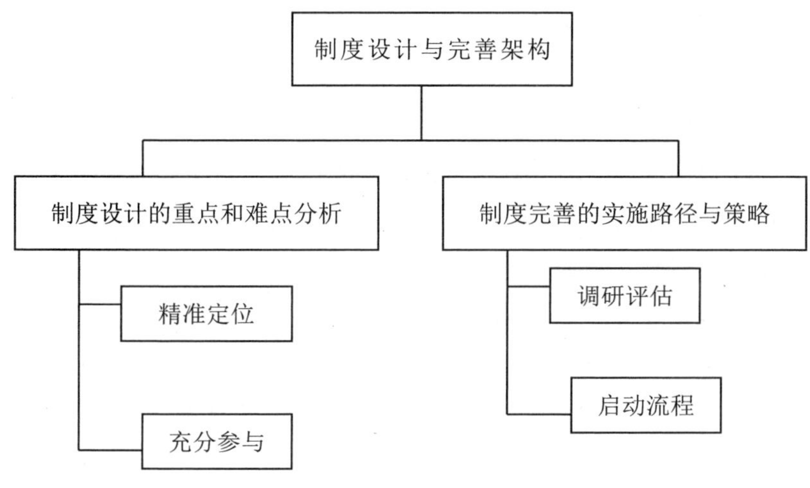

图 4-1　制度设计与完善架构图

一、制度设计的重点和难点分析

（一）精准定位

1. 特点分析

教师党支部的纪律建设是党建工作的重要组成部分，具有独特的特点，包括党员教师的数量、教育工作的特殊性以及党支部在学校管理中的地位等方面。深入分析这些特点，有助于为制度设计提供有针对性的方案，推动教师党支部纪律建设的深入开展。

（1）党员教师的数量

教师党支部涵盖了学校内的党员教师群体，其数量通常较大。党员教师作为学校师资队伍中的一部分，具有参与学校管理和教育教学工作的特殊身份和责任。因此，制度设计需要考虑到大规模党员管理的复杂性和多样性。制度应覆盖到所有党员教师，并且满足不同党员教师的需求，确保制度的全面有效性。

（2）教育工作的特殊性

教育工作具有其特殊性，这要求教师党支部的纪律建设能够针对教育领域的特点进行精准规定和安排。教师党支部不仅承担着教学科研工作的责任，还肩负着培养学生健康成长的使命。因此，制度设计应当充分考虑教育工作的特殊性，明确规定党员教师在教育教学中的职责和义务，强化教师的职业道德和专业素养。

（3）党支部在学校管理中的地位

党支部在学校管理中通常具有重要地位和作用，是学校领导班子的重要组成部分。党支部负责领导和组织党员教师开展党建工作，同时也参与到学校各项管理活动中。因此，教师党支部的纪律建设必须兼顾党建工作和学校管理的双重任务，确保制度设计能够有效支持学校的管理和发展。

2. 需求调研

在确定教师党支部纪律建设的制度设计方向时，必须进行广泛的需求调研，以充分了解党员教师对纪律建设的期待和需求。通过调研，可以获取实际情况下的反馈意见，为制度设计提供重要参考，确保制度与实际需求相符，增强制度的可行性和执行力度。

第一，在进行需求调研时，需要明确调研对象。调研对象主要是教师党员群体，包括不同年龄段、不同学科领域、不同管理层次的党员教师。通过对不同群体的调研，可以获得更全面、更具代表性的反馈意见。

第二，需要选择合适的调研方法。调研方法可以包括问卷调查（附录一）、个别访谈、座谈会等。其中，问卷调查可以快速收集到大量的数据，而个别访谈和座谈会则可以深入了解到党员教师的具体想法和意见。多种调研方法的综合运用能够提高调研结果的准确性和可信度。

第三，调研内容的设计至关重要。调研内容应当围绕教师党支部纪律建设展开，包括对现行制度的评价、对制度改进的建议、对纪律建设重点和方向的看法等。通过设计科学合理的调研内容，可以更好地了解到党员教师的期待和需求。

第四，调研过程需要精心组织和有效实施。组织方面，可以由学校党委或教师党支部负责统筹安排，确保调研工作顺利进行。实施方面，需要有专门的调研人员负责收集和整理数据，确保调研结果的真实性和可靠性。

第五，需要对调研结果进行全面分析和总结。通过对调研数据的分析，可以及时发现问题和不足，了解党员教师的真实需求，为制度设计提供重要参考。同时，还需要根据调研结果，及时制定相应的改进措施，促进纪律建设工作的顺利推进。

3. 教育事业的发展导向

制度设计应当与教育事业的发展导向相契合，即制度应当有利于促进教育事业的健康发展。因此，在制度设计过程中，必须充分考虑教育事业的发展方向和目标，确保制度设计与教育事业的发展相一致。

（二）充分参与

制度设计的第二个重点是充分参与。这需要党员教师具有积极性和主动性，以及广泛征求党员教师的意见和建议，形成共识，从而增强制度的执行力度。

1. 积极性调动

党员教师的积极性是推动教育事业和党支部纪律建设的关键因素之一。如何有效调动党员教师的积极性，让他们成为制度设计和执行的参与者和推动者，是当前教育管理中亟待解决的重要问题。为此，需要采取一系列措施，从不同角度激发党员教师的积极性和主动性。

第一，需要建立起一种积极向上的工作氛围和文化。教育管理者可以通过组织丰富多彩的教育培训活动、举办主题鲜明的座谈会和研讨会等形式，营造出鼓励创新、倡导合作、追求卓越的工作氛围。同时，还可以通过表彰先进、激励优秀等方式，及时对党员教师的优秀表现进行肯定和奖励，激发其进一步努力的动力。

第二，要加强对党员教师的思想政治工作，提升其党性觉悟和责任意识。教育管理者可以通过开展主题教育、组织党课学习等形式，加强党员教师的理论学习和思想引导，使他们深刻认识到党员身份的重要性和责任所在，进而自觉践行党支部的纪律和规定，积极参与到党支部纪律建设中来。

第三，还应该加强对党员教师的岗位培训和能力建设。通过提供多样化的培训课程和学习资源，帮助党员教师不断提升专业素养和教育能力，增强其在教育教学和党建工作中的竞争力和影响力。同时，还要为党员教师提供广阔的发展空间和晋升机会，激发其内在的成就欲望和自我实现动力，从而更加积极地投入到教育事业和党建工作中去。

第四，要注重激发党员教师的团队意识和集体荣誉感。教育管理者可以通过组织各类团队活动和集体竞赛，营造出合作共赢、互助互学的团队氛围，促进党员教师之间的交流与合作，形成良好的团队氛围和协作机制。同时，还可以加强党支部和学校的品牌建设，提升党员教师的集体荣誉感和归属感，激发其对党组织和集体的归属感和忠诚度。

2. 意见征集

在教师党支部纪律制度的设计中，广泛征集党员教师的意见和建议是确保制度设计合理性和可行性的重要环节。通过充分征求党员教师的意见，可以获取他们的实际需求、期望和关切，为制度设计提供宝贵的参考和支持。在意见征集过程中，可以采取多种形式和渠道，包括组织座谈会、填写问卷调查、开展专题讨论等方式。下面将对这些方式进行深入探讨，以探究如何最大程度地发挥其作用，确保制度设计的质量和实效性。

第一，组织座谈会是一种直接有效的意见征集方式。座谈会可以提供一个开放、公平、民主的平台，让党员教师畅所欲言，就制度设计中存在的问题、改进的建议等方面进行深入交流和讨论。在座谈会上，可以邀请学校领导、教育专家等人士作为参与者，以加强讨论的深度和广度。通过座谈会，可以深入了解党员教师的真实想法和需求，为制度设计提供有力支持。

第二，填写问卷调查是一种常用的意见征集方式。通过设计科学合理的问卷，可以系统地收集党员教师的意见和建议，包括对现行制度的评价、对制度改进的期望等内容。问卷调查具有成本低、收集数据快、范围广等优点，能够较为全面地了解党员教师的意见和想法。在设计问卷时，应当注意问题的清晰明确、选项的丰富多样，以提高调查结果的准确性和代表性。

第三，开展专题讨论也是一种重要的意见征集方式。可以根据制度设计的具体内容和重点，组织党员教师就相关主题展开深入讨论，倾听他们的看法和建议。专题讨论可以结合教育教学实践，通过案例分析、经验分享等形式，激发党员教师的参与热情和创造力，为制度设计提供新的思路和方向。

3. 共识形成

党员教师的意见和建议是制度设计过程中不可或缺的重要组成部分，其形成的共识对于制度的民主性、权威性以及执行力度和实效性具有至关重要的影响。在充分征求意见的基础上，如何形成共识并将其有效地体现在制度设计中，是一个需要认真思考和实践的问题。

第一，共识形成需要建立在充分沟通和理解的基础上。在征集党员教师意见的过程中，应该确保沟通畅通、信息透明，充分听取不同声音，理解每位党员教师关切和期待问题。只有通过有效地沟通和理解，才能形成共识的基础。

第二，共识形成需要注重集思广益、形成合力。在讨论和研究过程中，应该倡导集思广益、民主决策的理念，鼓励党员教师积极参与，提出具有建设性的意见和建议。通过不同意见的碰撞和融合，形成更加全面、科学的共识。

第三，共识形成需要进行专业评估和论证。在形成共识的基础上，还需要对意见和建议进行专业的评估和论证，确保其符合实际情况和教育事业发展的需要。专业评估和论证可以借助专家学者的力量，通过理论分析、实证研究等方式，提高共识的科学性和可行性。

第四，共识形成需要体现在制度设计中。形成共识后，应该及时将党员教师的意见和建议体现在制度设计的各个环节中，确保制度设计能够充分反映党员教师共同的意愿和期待。这包括制度的具体内容、流程安排、执行机制等方面，都应该与共识保持一致。

第五，共识形成需要不断强化和巩固。在制度设计的实施过程中，需要不断强化对共识的认同和执行，加强对制度的监督和评估，及时调整和完善制度，确保其能够持续发挥作用，推动教育事业的健康发展。

二、制度完善的实施路径与策略

（一）调研评估

1. 现行制度调研

在进行现行制度调研时，需要采取全面、系统的方法，以确保对制度的各个方面有清晰地了解。这包括：

（1）制度文本分析

对现行制度的正式文本进行详细的分析是制度调研的重要一环。这需要逐条研读制度文件，包括相关规章制度、文件、通知公告等，以全面了解制度的基本内容、规定和要求。

第一，分析制度文件的内容结构。这包括了解制度的起草背景、目的和适用范围，以及各条款的内容安排和逻辑关系。通过对文本结构的分析，可以把握制度的整体框架和主要内容。第二，深入研究各项具体规定。这需要逐条分析制度文件中的规定条款，包括制度的基本原则、具体要求和相关流程。重点关注制度中涉及的关键概念、权限划分、责任分配等内容，以确保对制度要求的全面理解。第三，审视制度文本的适用性和可操作性。这包括评估制度规定是否具有可操作性，是否能够在实际工作中得到有效执行，以及是否存在模糊不清、难以理解的问题。同时，也要注意检查制度文本中可能存在的法律法规遵从性，确保其与相关法律法规相一致。

（2）执行情况调查

现行制度的执行情况调查是制度调研的关键环节之一。通过调查现行制度在实际执行中的情况，可以了解制度的执行对象、执行流程、执行结果等情况，以及执行过程中可能出现的问题和障碍。

第一，调查制度的执行对象。这包括了解制度适用的范围和对象，以及具体执行制度的人员和部门。通过了解执行对象，可以确定制度的具体执行情况，及时发现执行中的问题和矛盾。第二，调查制度的执行流程。这需要详细了解制度在实际操作中的执行流程和步骤，包括相关部门的协作配合、文件流转情况等。通过调查执行流程，可以发现制度执行中存在的不畅和不足之处。第三，调查制度的执行结果。这包括了解制度执行的效果和成果，以及可能存在的问题和争议。通过调查执行结果，可以评估制度的实际执行情况，发现问题并及时加以解决。

通过执行情况调查，可以全面了解现行制度在实际执行中的情况，为制度的完善提供重要参考和基础数据。

（3）效果评估

对现行制度的实际效果进行评估是制度调研的重要内容之一。这需要收集相关数据和信息，分析制度实施后所产生的影响和效果，包括积极作用和不足之处。

首先，评估制度的积极作用。这包括了解制度实施后所带来的积极影响，例如，是否提高了教师党员的思想认识和行为规范，是否促进了教育事业的发展和学校管理的提升等方面的效果。其次，分析制度的不足之处。这需要识别制度实施中可能存在的问题和障碍，例如，制度设计的不合理性、执行过程中的困难、效果评估的不足等方面的问题。通过分析不足之处，可以为制度的完善提供指导和支持。最后，综合评估制度的实际效果。这需要对制度实施后的整体效果进行综合评价，包括制度的积极作用和不足之处。通过综合评估，可以全面了解制度实施的情况，为制度的进一步改进提供参考和依据。

2. 发现问题和不足

通过调研评估，往往可以发现现行制度存在的一些问题和不足之处。这些问题可能表现在以下几个方面。

（1）制度设计不合理

在制度设计方面，往往会出现一些不合理之处，这可能会影响制度的执行效果和实施过程。一方面，有些制度可能过于笼统，缺乏具体的操作细则，导致执行时的模糊和混淆。例如，针对教师党支部纪律建设，如果制度内容过于宽泛，没有明确规定具体的违纪行为和相应的处罚措施，将导致执行时的不确定性，难以形成震慑效果。另一方面，制度的规定有时可能与实际情况不够契合，这会导致执行过程中的困难和阻碍。例如，在学校管理中，如果制度规定的程序烦琐或与学校实际情况不符，执行起来可能会遇到阻力，影响执行的顺利进行。因此，制度设计的合理性和实用性至关重要，需要充分考虑实际情况和操作性，确保制度的有效执行。

（2）执行过程中的问题

即使制度设计得当，但在执行过程中仍可能出现一些问题和挑战。首先，执行人员对制度内容的理解可能存在偏差或模糊不清的情况。这可能源于制度规定的表述不够清晰，或者是执行人员对制度内容理解有误。例如，针对教师纪律建设的制度，如果规定不够明确，执行人员对于何为违纪行为的认知可能存在差异，导致执行结果的不一致性。其次，执行过程中可能会受到执行程序的影响，例如，程序烦琐、冗长，影响了执行效率。在学校管理中，如果制度执行的程序过于繁杂，可能会增加执行的成本和时间成本，降低执行的效率。因此，需要对执行过程中可能出现的问题进行及时识别和解决，以确保制度的顺利执行和实施效果的达成。

（3）效果评估不足

制度实施后需要进行有效的效果评估，以发现问题、改进不足，进而提高制度的有效性和可持续性。然而，有些制度在实施后，并没有进行充分的效果评估，导致无法及时发现问题和进行改进。缺乏有效的反馈机制，制度改进的可能性较低。为解决这一问题，需要建立健全的评估体系和机制，对制度实施的各环节进行评估和监控。通过收集实施数据、听取相关人员意见、开展调查研究等方式，全面了解制度实施的情况，及时发现问题和不足，为制度的改进提供依据和支持。同时，还需要确立有效的反馈机制，让相关人员参与到制度评估中来，增强制度评估的科学性和公正性。

3. 为制度的完善提供主要依据

调研评估的结果将为制度的完善提供重要依据。通过对问题和不足的分析，可以为制度的调整和改进提供具体建议和方向。

（1）针对性调整

在发现问题和不足后，需要有针对性地调整制度内容、流程或执行方式，以提高制度的适应性和实效性。首先，针对性调整需要充分考虑到问题的性质和具体情况，确保调整的合理性和有效性。例如，如果调研评估发现现行制度中存在的问题主要是由于制度内容过于笼统导致执行困难，那么可以有针对性地对制度内容进行细化和具体化调整，明确违纪行为和相应的处理措施，从而提高制度的操作性和可执行性。其次，针对性调整还需要考虑到各方利益的平衡和协调。在调整制度过程中，可能会涉及不同利益主体的权益问题，需要综合考虑各方利益，寻求最优解。例如，在调整执行流程时，需要平衡执行效率和程序公正性之间的关系，确保既能提高执行效率，又能保障公平公正。最后，针对性调整需要充分考虑实施过程中可能出现的问题和挑战，采取有效的措施加以解决。例如，可能需要制定相应的培训计划，提高执行人员的专业水平和操作能力；或者加强沟通协调，促进各方的共识和合作，推动制度调整的顺利实施。

（2）改进执行机制

改进制度的执行机制是提高制度执行力度和实效性的重要途径。首先，需要明确责任人，建立起责任清晰、权责一致的执行机制。责任人应当具有相关专业知识和管理经验，能够有效推动制度执行工作的开展。例如，在教师党支部纪律建设中，可以指定专门的党务工作人员负责纪律建设工作，明确其责任范围和任务目标，从而提高纪律建设工作的组织化和专业化水平。其次，需要加强监督管理，确保制度执行的严格执行和规范化操作。监督管理可以通过建立监督机制、定期检查评估、加强内部控制等方式来实现。例如，可以建立制度执行档案，定期对执行情况进行检查，及时发现问题并进行整改，保障制度执行的规范和有效。最后，需要优化执行流程，简化操作步骤，提高执行效率。执行流程过于烦琐可能会影响到执行效率，因此需要对执行流程进行精简和优化，减少不必要的环节和程序，提高执行效率和执行质量。

（3）加强效果评估

加强对制度实施效果的评估，建立健全反馈机制是制度完善的重要保障。首先，需要建立完善的评估体系和评估标准，明确评估指标和评估方法。评估指标应当具体明确，能够客观反映制度实施效果的各个方面；评估方法应当科学合理，能够获取到准确可靠的数据。其次，需要建立有效的反馈机制，及时收集和汇总相关信息，为制度的持续改进提供支持和依据。反馈机制可以通过建立意见反馈渠道、定期召开评估会议、开展满意度调查等方式来实现，确保相关利益主体对制度实施效果的评价得到及时反馈。最后，根据评估结果，及时调整和改进制度，提高制度的适应性和实效性。评估结果应当被充分重视，针对问题和不足及时制定相应的改进措施和调整方案，确保制度的持续改进和优化。

（二）启动流程

1. 制定完善方案

在启动流程之初，制定完善方案至关重要。这一阶段需要从调研评估的结果出发，制定具体的方案，以指导后续的工作开展。

（1）确定完善的内容和目标

需要明确制度的完善内容和目标。这包括对现行制度存在的问题和不足进行分析，确定需要完善的具体内容和改进目标。

（2）制定实施计划和时间安排

需要制定实施计划和时间安排。这需要将完善工作分解为具体的任务和步骤，制定明确的时间节点，以确保工作的有序推进和及时完成。

2. 确定责任人和时间节点

明确责任人和时间节点是制度完善工作的关键一步。这需要根据完善方案中的任务和计划，确定责任人并分配任务，同时制定明确的时间节点，以确保工作的顺利进行。

（1）确定责任人

责任人应当具有相关专业知识和管理经验，能够有效推动制度完善工作的开展。这些责任人可能包括学校党委、教师党支部领导、相关教师代表等。

（2）制定时间节点

制定明确的时间节点是确保工作按计划进行的重要保障。这需要根据任务的性质和重要程度，合理确定时间节点，并及时跟进工作进展情况，确保任务按时完成。

3. 推进实施

推进实施是启动流程的核心环节。这需要有序组织相关人员开展制度完善工作，监督和检查工作进展情况，及时解决工作中遇到的问题和困难。

（1）组织相关人员开展工作

在推进实施阶段，需要组织相关责任人和工作人员，按照制定的方案和计划，有序开展制度完善工作。这可能涉及修改制度文件、调整执行流程、培训相关人员等工作。

（2）监督和检查工作进展

同时，需要建立监督和检查机制，对工作进展情况进行监督和检查。可以通过定期会议、进度报告、工作检查等形式进行，及时发现和解决工作中的遇到问题和困难。

4. 完善成果评估

完成制度完善工作后，需要对成果进行评估。这包括对制度的改进效果进行评价，发现新的问题和不足，并提出进一步完善的建议。

（1）评价改进效果

评价改进效果是评估的重点之一。需要通过对制度改进后的实际效果进行评估，了解改进是否达到预期目标，是否解决了现有问题。

（2）发现新问题和不足

同时，评估过程中还需要发现新的问题和不足。制度完善工作可能会产生新的问题，需要及时发现并提出解决方案。

5. 持续改进

制度完善工作不是一劳永逸的，需要持续不断地改进和完善。通过不断地调研评估和启动流程，可以保持制度的持续有效性和适应性。

（1）持续调研评估

持续调研评估是持续改进的基础。需要定期开展调研评估工作，了解制度执行情况和效果，发现新的问题和挑战。

（2）及时启动流程

同时，需要及时启动流程，对发现的问题进行及时改进和调整。这可能涉及修改制度条款、更新执行流程、加强培训和指导等方面的工作。

第三节　制度执行与监督机制

一、监督机制的建立与运行

（一）建立监督机构

1. 设立监督机构的必要性

第一，监督机构的设立有利于加强制度执行的透明度。教师党支部纪律建设涉及众多党员教师的日常工作和行为规范，而这些工作的执行情况往往涉及多方面的利益关系和利益冲突。设立监督机构可以通过公开透明的监督程序和监督结果，使制度执行过程更加公正公平，增强广大党员教师对制度执行的信任和认同。

第二，监督机构的设立有助于提高制度执行的效率。教师党支部纪律建设工作涉及众多党员教师的日常行为和工作实践，而这些行为和实践的规范执行对于推动教育事业的发展至关重要。通过设立专门的监督机构，可以更加有针对性地监督和检查制度执行情况，及时发现和解决制度执行中的问题和困难，提高制度执行的效率和水平。

第三，监督机构的设立还可以促进教师党支部纪律建设工作的顺利推进。教师党支部纪律建设工作涉及多方面的内容和利益关系，而制度执行的顺利推进需要有专门的机构来保障和支持。设立监督机构可以通过协调各方资源和力量，推动制度执行工作的有序开展，实现纪律建设工作的良性循环和持续发展。

2. 组成监督机构

第一，如果监督机构由党组织成员组成，那么这些成员应该是来自党组织内部的党员教师，他们应当具备较高的政治素养和党性觉悟。这些成员应该忠于党的事业、严守党的纪律，能够客观公正地履行监督职责。此外，他们还应该具备较强的专业知识和管理经验，能够深入了解教育事业的运行机制和纪律建设的重要性，从而更好地推动纪律建设工作的开展。

第二，如果监督机构独立于党组织之外，那么需要选聘具备相关专业知识和经验的监督人员。这些人员可能来自教育管理部门、纪检监察机构、专业咨询机构等，他们应该具备丰富的教育管理经验和纪律建设实践经验。他们应该独立于党组织，不受任何党派和团体的影响，能够客观公正地履行监督职责，并对教师党支部纪律建设提出具有建设性的意见和建议。

不论监督机构由党组织成员还是独立于党组织之外的监督人员组成，都需要具备一定的素质和能力。他们应该具备较高的政治觉悟和党性原则，具备丰富的教育管理经验和纪律建设实践经验，能够客观公正地履行监督职责，为教师党支部纪律建设提供有力的保障和支持。

3. 确保监督机构的独立性和客观性

确保监督机构的独立性和客观性对于教师党支部纪律建设的有效推进至关重要。为实现这一目标，必须建立严格的管理制度和程序，以确保监督机构能独立于其他利益集团，并能够客观公正地履行监督职责。

第一，管理制度和程序应该对监督机构的组成、职责和权限进行明确规定。这包括明确监督机构的成员构成，确定监督机构的主要职责，规定监督机构的权限范围和操作程序等。这样做可以确保监督机构在执行监督任务时不受其他利益集团的影响，保持其独立性和客观性。

第二，需要建立监督机构的运行机制和工作程序。监督机构应当建立健全的工作制度和运行流程，确保监督工作的高效进行。这包括对监督机构的工作时间、会议制度、文件管理等方面的规定，以及明确监督机构与其他相关部门的协调配合机制，确保监督工作能够顺利进行。

第三，监督机构成员应当具备相关的素质和能力。监督机构成员应当具备良好的政治素养和党性觉悟，具备较高的专业水平和管理能力，能够客观公正地履行监督职责。此外，监督机构成员应当接受相关的培训和考核，提升其监督工作的专业水平和执行能力。

第四，需要建立有效的监督机制和反馈机制。监督机构应当建立健全的监督和反馈机制，及时收集、分析和反馈监督结果，对发现的问题和不足进行及时整改和改进，确保监督工作的及时性和有效性。同时，监督机构应当建立举报渠道，鼓励党员和教师群众积极参与监督工作，共同推动教师党支部纪律建设工作的顺利进行。

（二）明确监督职责

1. 规定监督机构的职责和权限

在教师党支部纪律建设中，监督机构的作用不可忽视，因为它直接影响到制度的有效执行和纪律建设的顺利推进。

第一，监督机构的职责应该包括对教师党支部纪律建设工作的全面监督。这意味着监督机构需要对制度的执行情况进行全面监督，包括监督党员教师是否遵守党内法规和制度规定、党支部是否按照规定开展纪律教育和管理工作等。监督机构应当积极参与到教师党支部的各项活动中，及时发现问题和解决问题。

第二，监督机构应当负责对制度执行情况进行检查和评估。这包括定期对教师党支部的制度执行情况进行检查，发现问题和不足，并提出改进建议；对制度执行效果进行评估，了解制度执行的实际效果和存在的问题，为制度的进一步完善提供依据。

监督机构还应当负责对发现的问题和不足并提出整改建议。一旦发现制度执行中存在的问题和不足，监督机构应当及时提出相应的整改建议，明确整改措施和责任人，并监督整改工作的落实情况，确保问题得到及时解决，制度得到有效落实。

监督机构的权限应当围绕其职责展开。具体而言，监督机构应当有权对教师党支部的相关文件和记录进行查阅、审查，有权要求党员教师和相关工作人员配合检查工作，有权组织开展专项检查和评估活动等。此外，监督机构还有权要求教师党支部提供相关数据和资料，以便开展监督工作。

2. 加强对党支部纪律建设工作的监督和检查

第一，监督机构应当确立定期监督检查的机制。这包括确定监督检查的频率、内容和方式，以及监督检查的具体程序和步骤。定期监督检查是确保党支部纪律建设工作持续有效的重要保障，可以及时发现问题和不足，推动问题的解决和整改。

第二，监督机构应当重点关注党员教师的党纪、教育教学纪律等方面的执行情况。这包括对党员教师是否遵守党的组织纪律、是否恪守教育教学纪律等方面进行审核和评估，发现问题并及时提出改进建议。监督机构可以通过查阅相关文件和记录、组织开展座谈会和个别访谈等方式，全面了解党员教师的执行情况，确保党支部的纪律建设工作的顺利推进。

第三，监督机构应当建立健全监督检查制度和程序，明确监督检查的标准和要求，确保监督检查工作的科学性和规范性。监督机构应当依法行使监督检查的权限，确保监督检查工作的公正、客观和准确，为党支部纪律建设工作提供可靠的监督保障。

第四，监督机构应当及时总结监督检查工作的情况，提出改进意见和建议，为党支部纪律建设工作的持续改进提供有益借鉴。监督机构可以通过开展评估和评价活动、组织专题研讨会等方式，及时总结监督检查的经验和教训，不断提高监督检查工作的水平和质量。

3. 组织开展监督评估活动

监督机构组织开展定期的监督评估活动对于党支部纪律建设工作的健康发展至关重要。这一活动旨在全面评估党支部纪律建设工作的执行情况，通过科学的评估方法和程序，发现问题、总结经验、提出整改建议，进而促进纪律建设工作的不断改进和提高。

第一，监督评估活动应当具有科学性和客观性。科学性体现在评估方法的选择上，可以采用定性和定量相结合的方法，结合实际情况选取合适的评估指标和工具，确保评估结果科学可靠性。客观性体现在评估过程的公正性和客观性，评估工作应当独立公正，不受外部干扰和主观因素影响，确保评估结果客观真实。

第二，监督评估活动应当全面覆盖党支部纪律建设工作的各个方面。评估内容可以包括党员教师的党纪执行情况、教育教学纪律的执行情况、党组织建设的情况等，涵盖纪律建设工作的方方面面，全面了解工作的执行情况和存在的问题。

第三，监督评估活动应当注重发现问题和整改建议的提出。通过评估工作可以发现纪律建设工作中存在的问题和不足，对问题的性质、原因和影响进行深入分析，提出有针对性的整改建议和措施，为纪律建设工作的持续改进提供有益借鉴和指导。

第四，监督评估活动应当注重结果的应用和落实。评估工作的结果应当及时向相关部门和领导汇报，推动相关措施和政策的调整和完善，确保评估工作的成果得到有效应用和落实，促进党支部纪律建设工作的持续改进和提高。

（三）建立监督渠道

1. 设立举报渠道

设立举报渠道是加强党员教师纪律监督的必要举措，有助于构建健全的监督机制，提高纪律建设的效能和透明度。监督机构应当充分认识到设立举报渠道的重要性，并采取有效措施确保其顺利运行。

第一，设立举报渠道有助于发现和纠正党员教师违纪行为。通过公开透明的举报渠道，党员和教师群众可以随时随地对发生在学校中的违纪行为进行举报和投诉，有利于及时发现和处置违纪问题，维护学校的纪律和秩序。

第二，设立举报渠道有助于增强党员教师的纪律意识和责任意识。知晓存在举报渠道的存在，党员教师将更加自觉地遵守党纪教育教学纪律，提高自身的纪律素质，加强自我约束，以免受到不良行为的诱导和影响。

第三，设立举报渠道还有利于营造良好的校园环境和氛围。通过举报渠道，可以有效打击和防范腐败行为、不正之风等不良现象，为学校营造清廉、和谐的教育环境，提升教育教学质量和管理水平。

2. 加强对举报信息的处理和反馈

第一，监督机构应当建立健全的举报信息处理流程和机制。这包括确定举报信息的接收渠道和处理程序，明确相关责任人的职责和权限，确保举报信息的及时接收、认真核实和有效处理。

第二，监督机构应当对举报信息进行及时的核实和调查。在收到举报信息后，应当立即展开核实和调查工作，了解事实真相，判断举报的准确性和可信度，确保处理工作的公正、客观和严谨。

第三，监督机构应当依法依规处理涉及的违纪行为。对于经核实属实的举报案件，监督机构应当依据相关法律法规和学校规章制度，采取相应的处置措施，对违纪行为进行严肃处理，维护学校纪律和秩序。

第四，监督机构应当及时向举报人反馈处理结果。无论举报信息的处理结果如何，监督机构都应当向举报人及时反馈处理情况，告知处理结果和处理意见，增强监督的及时性和透明度，保障举报人的合法权益。

第五，监督机构应当加强对举报信息的跟踪和督导。处理完举报案件后，监督机构应当对整个处理过程进行跟踪和督导，确保处理结果的执行和效果，防止问题的反弹和再次发生，从而加强对党员教师纪律监督工作的持续性和有效性。

二、制度执行与监督的互动与完善

（一）加强宣传教育

1. 增强党员教师的纪律意识

增强党员教师的纪律意识是教师党支部纪律建设中的一项重要任务，也是保障教育教学秩序和学校稳定的基础性工作。为了有效实现这一目标，需要采取多种措施，加强对制度的宣传教育是其中的关键一环。

第一，组织党课是增强党员教师纪律意识的重要途径之一。党课是党组织开展思想政治工作的重要形式，通过开展党课，可以系统地向党员教师宣传党的方针政策、党的历史和党的制度规定，增强其对党的认同和信仰，进而增强其纪律意识和政治觉悟。

第二，开展专题讲座也是加强制度宣传教育的有效手段之一。通过邀请专家学者或党组织领导干部进行专题讲座，有针对性地介绍党的方针政策和制度规定，结合实际案例进行解析和讨论，可以使党员教师深入理解和认识党的制度，增强其遵守制度的意识和能力。

第三，发布通知公告也是宣传制度的重要方式之一。学校可以通过制定和发布通知公告的形式，向全体党员教师传达重要的制度规定和要求，明确相关责任和义务，提醒党员教师自觉遵守党内法规和制度规定，营造良好的教育教学氛围和校园文化。

2. 增强执行意识

增强党员教师的执行意识是教师党支部纪律建设中至关重要的一环。仅仅通过宣传教育告知党员教师制度的存在是远远不够的，更为关键的是让他们深刻理解制度的重要性，并且自觉地将其贯彻执行于行动之中。为了达到这一目的，可以采取多种方式，其中包括案例分析和典型事例展示等。

一方面，通过案例分析，可以向党员教师生动地展示制度执行的重要性和影响。选择一些生动具体的案例，涉及制度执行的成功案例和违反制度的后果，让党员教师从中深刻领悟到遵守制度的重要性。这样的案例可以是真实的校园故事，也可以是来自其他学校或单位的典型案例，以直观的方式展现制度执行的利弊得失，引发党员教师的思考和反思。

另一方面，典型事例展示是另一种有效方式，可以直观地向党员教师展示遵守制度的优点和价值。通过展示遵守制度、严格执行规章制度的优秀典型，向党员教师传递正确的行为导向和价值观念。这些典型事例可以是来自学校内部的先进个人或集体，也可以是在教育领域取得成功的典型经验，通过榜样的力量激发党员教师的执行意识和积极性。

除了案例分析和典型事例展示，还可以通过开展讨论、举办研讨会等方式，让党员教师深入思考和交流，共同探讨制度执行的重要性和方法。这样的活动可以促进党员教师之间的互动与学习，加深对制度执行的理解和认识，从而增强其执行意识和行动力。通过多种方式的综合运用，可以有效地增强党员教师的执行意识，促进教师党支部纪律建设工作的顺利推进。

3. 强化教育培训

强化教育培训是提升党员教师制度执行能力的重要举措，旨在通过系统地学习和培训，使他们更加深入地理解和掌握制度执行的要求和方法，从而提升整体的执行水平和质量。这种培训应当具有专业化和针对性，以满足不同层次和岗位的党员教师的需求。

第一，针对不同层次和岗位的党员教师，培训内容应当有针对性地进行设计。对于基层教师，可以着重培养其对制度理论知识的理解和掌握，使其能够准确把握制度的基本要求和内涵。对于管理干部和教育领导者，培训内容可以更加侧重于制度实际操作技能的培养，包括制度执行的方法和策略，以及解决实际问题的能力。

第二，培训内容应当具有系统性和全面性。除了传授制度的理论知识外，还应当注重培养党员教师的实际操作能力。这包括对制度执行过程中常见问题的分析与解决，以及典型案例的深入剖析和讨论。通过系统化地学习和培训，党员教师可以更加全面地了解和掌握制度执行所需的各项技能和方法。

第三，培训活动还应当具有交互性和互动性，鼓励党员教师之间的积极参与和互动交流。可以通过小组讨论、角色扮演、案例分析等方式，让党员教师参与到培训过程中来，积极思考和交流，共同探讨制度执行中的难点和问题，形成良好的学习氛围和合作机制。

第四，培训活动应当注重实效性和持续性。培训内容应当贴近实际工作，注重实用性和操作性，使党员教师能够将所学知识和技能应用到实际工作中去。同时，应当建立健全的培训评估机制，及时收集反馈意见，对培训效果进行评估和调整，确保培训工作的持续有效。

（二）建立奖惩机制

1. 表彰和奖励制度执行好的党员教师

建立健全的表彰和奖励机制对于激励党员教师积极执行制度至关重要。这一机制应当着重关注制度执行良好、工作突出的党员教师，以树立典型、榜样，激励更多的教师参与制度执行并取得优异成绩。表彰和奖励的方式可以多样化，包括荣誉称号、奖金、学术交流机会等，以满足不同党员教师的需求和诉求。

为了确保表彰和奖励的公正性和客观性，应当建立评审机制和评选标准。评审机制可以由学校领导班子牵头，设立评审专家组，负责对提名对象进行评审和筛选。评选标准应当明确具体，包括制度执行情况、工作业绩、教学质量等方面，确保评选结果公正客观。

此外，表彰和奖励机制也应当与教师职称评定、绩效考核等挂钩，形成相互促进的机制。通过与教师个人的职业发展挂钩，可以更好地激励教师积极执行制度，提高工作质量和水平。

（2）严肃处理违规违纪行为

与表彰和奖励相对应，建立健全的违纪违规处理机制同样至关重要。对于违反制度、失职渎职的党员教师，应当依法依规进行严肃处理，维护党的纪律和制度的严肃性。这一机制应当具备严谨的程序和公正地执行，避免出现冤枉和误判。

违纪违规行为的处理应当根据具体情况采取不同的处置方式，包括批评教育、通报批评、责令书面检查、党纪处分等，以及涉嫌违法犯罪的情况应当移交司法机关处理。处理的程序应当规范化、程序化，确保公正、透明。

此外，应当建立健全违纪违规行为的记录和归档制度，对处理结果进行记录和归档，以便今后查询和参考，提高制度执行的效率和规范性。

（3）形成激励约束机制

表彰和奖励机制与严肃处理机制共同形成了激励约束机制，对党员教师的行为产生积极的影响。通过这一机制，党员教师将自觉遵守制度，明确自己的行为准则，增强执行制度的自觉性和规范性。激励约束机制的形成有助于凝聚党员教师的思想共识，形成良好的工作氛围和团队精神。

为了更好地发挥激励约束机制的作用，需要不断完善制度和机制，提高其执行效率和公正性。同时，还需要加强对党员教师的宣传教育，加深他们对制度执行的认识和理解，进一步巩固和强化激励约束机制的作用。

（三）加强督导检查

1. 定期组织督导检查活动

建立定期组织开展的督导检查活动是确保教师党支部纪律建设工作有效开展的重要举措。通过定期的检查评估，可以全面了解制度执行情况，及时发现问题并采取有效措施加以整改。这种活动应当具有规范的程序和科学的方法，确保检查的客观性和公正性。

在组织督导检查活动时，需要明确检查的内容和标准，以及检查的频率和时间安排。检查的内容应当包括教师党支部纪律建设工作的各个方面，如党员教师的党纪情况、组织生活开展情况、党费管理情况等。检查的标准应当明确具体，可以结合相关文件和规定，确保检查的准确性和科学性。

2. 强化检查力度

为了确保督导检查的效果，需要强化检查力度，注重实效性和针对性。这包括加强对制度执行情况的重点检查和突出问题的跟踪督导。针对不同的问题和情况，可以采取不同的检查方式和方法，如现场检查、文件核查、访谈调查等，以全面了解情况。

在督导检查过程中，需要及时发现和解决制度执行中的难点和问题。对于发现的问题，应当制定具体的整改方案和措施，并督促相关部门和人员积极配合，确保问题得到及时解决。

3. 建立监督报告制度

建立监督报告制度是实现制度执行与监督的有机结合和互动完善的重要手段。通过建立监督报告制度，可以及时向上级党组织和相关部门报告制度执行情况和发现的问题，形成监督的闭环。

监督报告应当包括制度执行情况的总结和评价，发现的问题和存在的困难，以及整改措施和建议等内容。报告应当及时准确地反映实际情况，为上级党组织和相关部门提供参考，促进问题的及时解决和工作的持续改进。

第五章　教师党支部纪律建设的组织保障

第一节　党组织与党支部建设

一、教师党组织的基本情况与特点

教师党组织是学校内部的重要组成部分，承担着引领党员教师开展党建工作、促进教师队伍建设的责任。其基本情况与特点包括以下内容。

（一）党员教师数量与比例

1. 党员教师数量与比例分析

学校现有党员教师的数量和比例是衡量党组织建设和教师队伍党化程度的重要指标之一。通过对党员教师数量和比例的分析，可以全面了解学校党员队伍的基本情况，为今后的党建工作提供重要参考。

（1）党员教师数量统计

首先，需要对学校现有的党员教师数量进行统计。这一统计工作需要结合学校的实际情况，包括全校教师总人数、党员信息登记册等资料。通过对党员教师的身份信息核实和统计，得出学校目前的党员教师数量。

（2）党员教师比例计算

在得出党员教师数量之后，需要将其与全校教师总人数相比，计算出党员教师的比例。党员教师比例的计算公式为：

$$\text{党员教师比例}=\frac{\text{党员教师总量}}{\text{全校教师总人数}}\times 100\%$$

（3）党员教师的分布情况分析

除了数量和比例之外，还需要对党员教师的分布情况进行分析。这包括党员教师在各个学科、各个年级的分布情况，以及在学校管理岗位上的分布情况等。通过对党员教师分布情况的分析，可以了解党员队伍在学校各个领域的分布情况，为今后的党建工作提供参考依据。

2. 党员教师数量与比例的影响因素分析

（1）教师队伍总人数

学校教师队伍总人数是影响党员教师数量与比例的重要因素之一。如果学校教师总人数较多，那么党员教师的数量相对也会较多。反之，则党员教师数量相对较少。

（2）党建工作开展情况

学校党建工作的开展情况直接影响着党员教师的数量和比例。如果学校党建工作得到有效开展，那么教师加入党组织的积极性就会提高，党员教师的数量和比例也会相应增加。

（3）教师队伍的结构特点

学校教师队伍的结构特点也会对党员教师数量与比例产生影响。例如，如果学校教师队伍中以中青年教师为主，那么党员教师的比例可能相对较低。如果学校教师队伍中年龄较大的教师较多，那么党员教师的比例可能较高。

（二）党组织设置与布局

1. 责任制

责任制的内涵。责任制产生于管理工作，对责任制的定义是“各项工作由专人负责，并明确责任范围的管理制度”，将责任制应用于管理过程，既能保证不同的工作由专门的人员负责完成，也能让不同的工作部门明确工作内容，清晰责任归属。从责任制的应用范围分析，责任制是通过明确各部门、各层级工作人员的工作范围和应履行的工作责任及享有的相应职权的制度。责任制的内涵是通过明晰各个部门和岗位的工作内容和要求，对工作者进行合理分工，使各类工作由相应的工作人员承担完成，最终形成分工合理、权责明确、管理有效的工作体系。责任制本身的明确性、层级性特征被应用于高校复杂的党建工作中，促进高校党组织实现其工作目标。关于责任制的分类，不同的管理内容决定责任制应用方式不同，从而划分出不同的责任制类型。

第一，根据运用责任制的范围，可划分为部门责任制和岗位责任制，在管理工作中首先要确定各层级部门的工作内容进而确立不同岗位的工作职责、工作内容与工作责任。部门责任制主要规定各职能部门的基本职责、工作范围、拥有权限、协作关系等内容，主要是通过工作职责的划分使各项工作运行协调。岗位责任制根据岗位的不同，分为领导干部岗位责任制、管理人员岗位责任制及工作者岗位责任制。其中，领导干部岗位责任制是规范各级领导干部权责范围的责任制度，例如“企业领导干部守则、班组长工作条例、车间主任工作条例”等，同时各级领导部门除了必须遵守责任制度之外还设置了相关的专责制度。管理人员工作责任制是为了明确各个管理工作岗位而规定的责任制，它是将管理部门的责任制落实到每个岗位。工作者岗位责任制是把工作人员的岗位工作内容与责任制相联系，使岗位职责落实得更具体。

第二，根据责任制应用主体的不同，分为企业工作责任制，主要规定企业各部门的工作职责及承担的相应的社会责任；国家机关工作责任制，主要通过责任制划分各个机关单位的权责；此外还有学校工作责任制、基层党建工作责任制等。企、事业单位运用责任制，主要通过责任制管理方法，明确各单位的工作职责，使各单位工作运转顺利。

第三，根据责任制应用领域的不同，可以分为家庭联产承包责任制、主审法官责任制、检察官办案责任制、行政执法责任制等。在不同的领域范围，责任制所起到的作用不同，家庭联产承包责任制主要是土地使用权和所有权的责任关系，检察官办案责任制主要通过责任制明确办案者的责任便于追责。

2. 党建工作责任制

基层党组织作为夯实党的战斗堡垒的重要组织，是落实党的方针政策最重要的组织，落实基层党建工作责任制是党组织新时期加强对基层党组织领导的重要举措。基层党建工作责任制的工作原则：一是责任分工明确原则，主要通过全面明晰基层党建工作责任制，形成基层党委统一领导，党委领导者负总责，各层级党组织领导者负分责，各个岗位工作者从严落实岗位职责的工作准则；二是集体领导与分工负责相结合的原则，各级领导干部落实“谁主管，谁负责”，形成一级抓一级，层层抓落实的工作流程。做好各基层党组织对各项工作内容的领导及政治方向引领职责，保证社会各级组织的发展与党中央的要求相一致。

基层党建工作责任制的具体内容：首先，领导责任和岗位责任。基层党组织主要有党委、党总支和党支部三个领导层，各级党委书记作为各级党组织主要领导者要带头贯彻党的方针政策，抓好党委班子自身建设，落实民主集中制原则，保证各项工作决议的科学性和民主性，落实密切联系群众职责，保证各项工作以人民利益为中心。要切实履行党建工作第一责任人职责，定期听取各层级党组织工作报告并予以工作指导，另外各层级党组织工作者要落实岗位职责，把各项党务工作落到实处。第二，责任考核和责任追究。加强责任考核和责任追究是提高党务工作落实效果的重要举措，各层级党组织要设置相关的组织和专门负责人，让考核工作和追究工作做到位。各层级党组织要制定与本组织工作相适应的考核内容，每项党务工作完成之后要组织本层级工作人员进行工作评议，评议完成之后要进行相应的责任追究。基层党建工作是复杂的工作系统，要求各层级党务工作者认真落实工作职责，才能把党组织在社会中的领导作用发挥到位。

3. 高校党建工作责任制

高校党建工作责任制就是高校党组织在工作中坚持责任制。高校党组织作为基层党组织的重要组成部分，起着为国家和社会发展输送人才的作用，而高校作为高素质人才和不同思潮的聚集地，坚持高校党建工作责任制对宣传党的主流意识形态、稳定社会发展有重要作用。同时，高校实施党委领导下的校长负责制，党委作为高校的主要领导者，引导高校的发展符合社会主义发展方向，促成高校完成立德树人的育人宗旨。高校党组织落实党建工作责任制主要从以下两个方面展开。

第一，以组织部门的差异为标准，将党建工作责任制分为以完成组织机构设置和党员培养管理为核心的组织部门工作职责；以宣传党的前沿理论思想为核心的宣传部门职责；以协商其他党派或无党派人士为中心的统战部门职责等多个组织职责。

第二，根据基层党组织层级的不同，可以将高校党组织分为高校党委、党总支和党支部三层工作职责体系。高校党委作为领导主体，主要落实领导及选拔优秀党务工作者的职责；党总支主要落实宣传教育、培养发展党员的工作职责；党支部负有直接教育师生，保证师生思想的纯洁性的职责。

二、党支部建设的重点与方向

（一）基层组织建设

1. 充实党支部组织力量

（1）加强组织建设

在党支部基层组织建设方面，应充实党支部组织力量。这包括增加党员数量、招募更多积极向上的教师加入党组织、扩大党支部的规模和影响力。

（2）培养骨干力量

除了增加党员数量外，还需要重点培养和选拔骨干力量。通过举办培训班、选拔优秀党员担任支部干部等方式，提升党支部的组织骨干素质，增强组织的领导力和战斗力。

（3）激发活力

党支部组织力量的充实不仅要注重数量，更要注重质量。要通过激发党员教师的参与热情、搭建交流平台、组织丰富多彩的活动等方式，增强党组织的活力和凝聚力。

2. 完善组织结构

（1）明确职能部门

在健全党支部组织结构方面，应明确各职能部门和岗位设置。建立党支部委员会、组织部、宣传部、组织委员、宣传委员等职能部门和岗位，明确各部门和岗位的职责和工作内容，实现工作分工明确、责任清晰。

（2）优化工作流程

优化工作流程是完善组织结构的重要举措。通过建立科学合理的工作制度和流程，明确工作任务的分工和执行程序，提高工作效率，确保党支部工作有条不紊地开展。

（3）强化协调机制

在完善组织结构中，还需要强化党支部内部的协调机制。建立党支部委员会议事协调机制，定期召开会议，协调解决工作中的问题，形成集体智慧和共识，推动党支部工作取得更好的成效。

3. 规范管理制度

（1）建立健全的制度框架

在完善党支部管理制度方面，需要建立健全的制度框架。制定《党支部章程》和《党内管理规定》，明确党支部的组织架构、权责分工、管理程序等内容，为党支部的正常运转提供制度保障。

（2）加强执行监督

规范管理制度的建立不仅要有完备的制度框架，还需要加强对制度执行的监督和检查。建立健全的制度执行考核机制，定期对党支部的管理工作进行评估，发现问题及时整改，确保制度有效执行。

（3）强化党内监督

规范党支部管理制度还需要强化党内监督机制。加强对党员教师的日常管理和监督，建立健全党员教师的档案和考核评价制度，加强对党员教师的思想教育和行为引导，维护党的团结统一和组织纪律。

（二）思想政治引领

1. 加强理论学习

（1）深化学习贯彻

要加强党支部在思想政治引领方面的作用，首先需要深化学习贯彻党的方针政策和重要思想理论。通过组织开展集中学习活动，引导党员教师深入学习马克思主义理论、中国特色社会主义理论等，增强理论修养，提升政治觉悟。

（2）注重理论与实践相结合

理论学习要与实际工作结合起来。党支部可以组织开展理论学习研讨会、专题讲座等形式多样的学习活动，结合学校教育教学实践，探讨理论与实践相结合的路径和方法，引导党员教师将理论学习成果运用到实际的教育教学中，不断提升教育教学水平。

2. 组织思想教育

（1）开展形式多样的活动

为了加强党员教师的思想政治引领，党支部可以组织开展形式多样的思想教育活动。这包括组织开展座谈会、研讨会、读书会等，通过交流讨论的方式，引导党员教师深入思考党的方针政策和重大问题，增强党员的思想认同和政治自觉。

（2）强化党性教育

思想教育活动中要注重加强党性教育。党支部可以通过讲党课、传达党的重要文件精神等形式，强化党员教师的党性教育，引导他们牢记党的宗旨，坚定理想信念，增强对党的忠诚度和归属感。

（三）服务教师发展

1. 关注成长需求

建立健全的成长导师制度，为教师提供个性化的职业发展指导和支持，是实现这一目标的有效途径。

第一，建立成长导师制度需要明确导师的角色定位和责任。成长导师应当是具有丰富教育经验和专业知识的资深教师或教育管理者，他们不仅要在教学上有较高造诣，更要在思想政治素养和教育理念上有深刻认识，能够为教师提供全方位的指导和支持。

第二，成长导师制度的实施需要建立完善的机制和流程。这包括明确导师和被指导教师的匹配机制，确保导师和被指导教师在专业领域和发展需求上的匹配度；建立定期指导和评估机制，促进导师与被指导教师的有效沟通和交流；建立档案管理和信息反馈机制，及时记录教师的发展历程和成长情况，为教师的职业发展提供数据支持。

第三，成长导师制度的实施还需要注重个性化的指导和支持。针对不同教师的成长需求和发展阶段，导师应当提供个性化的指导方案和发展计划，帮助教师解决职业发展中遇到的困惑和问题，激发其发展潜能，实现自身价值。

第四，成长导师制度的建立要充分发挥党支部在组织协调和资源整合方面的作用。党支部可以通过组织专题研讨、座谈交流等方式，为成长导师提供培训和学习机会，提升其指导和辅导能力；积极倡导和支持成长导师与被指导教师之间的良好互动，共同推动教师队伍的建设和教育事业的发展。

2. 建立服务体系

通过设置专门机构或岗位，充分发挥党支部的组织协调作用，为教师提供多方位的服务，是实现这一目标的有效途径。

第一，建立党支部服务体系需要明确服务内容和服务对象。服务内容应涵盖学术交流、教学指导、职业培训等方面内容，服务对象包括全体教师党员和广大教职工。针对不同对象的需求，制定有针对性的服务计划和方案，确保服务的全面性和针对性。

第二，建立党支部服务体系需要建立健全相应的机构设置和人员配置。可以设立党支部服务部门或委员会，负责具体的服务工作安排和实施。同时，设立专门的服务岗位，招聘具有相关专业知识和经验的人员，为教师提供个性化、专业化的服务支持。

第三，建立党支部服务体系还需要建立完善的服务流程和工作机制。明确服务流程，建立服务档案，做到服务工作的规范化和制度化；建立定期评估和反馈机制，及时了解服务工作的效果和问题，并及时调整和改进服务内容和方式，以保证服务工作的持续性和有效性。

第四，建立党支部服务体系要充分发挥党支部在组织动员和资源整合方面的作用。党支部可以组织开展各类学术交流、教学培训课程等活动，动员广大教师积极参与，促进教师间的交流与合作。同时，党支部还可以积极协调校内外资源，为教师提供更多更好的发展机会和平台，助力其提升专业水平和职业素养。

3. 促进职业发展

促进教师的职业发展是学校党支部服务体系中的重要任务之一，旨在为教师提供良好的发展环境和相关支持，促使其在教育事业中不断成长、进步。为实现这一目标，需要搭建有效的学术交流平台，组织多样化的学术活动，并提供相关方面的支持和帮助。

一方面，搭建学术交流平台是促进教师职业发展的重要举措之一。学校党支部可以组织开展学术讲座、研讨会、学术沙龙等活动，为教师提供展示自身研究成果、交流学术心得的平台。这些活动不仅可以促进教师之间的学术交流和互动，还能激发教师的学术创新意识，推动教育教学改革和科研工作的开展。

另一方面，组织开展专题研讨是促进教师职业发展的有效方式之一。通过围绕教育教学、课程设计、教学方法等专业领域开展深入的专题研讨，帮助教师深入探讨和研究相关问题，提高教学水平和专业素养。同时，这种研讨活动也有助于促进教师之间的交流和合作，形成良好的学术氛围和合作氛围。

除此之外，提供教育教学改革和科研成果方面的支持和帮助也是促进教师职业发展的重要举措。学校党支部可以积极支持教师参与教育教学改革项目和科研课题，为其提供必要的经费、资源和技术支持。同时，还可以组织教师参加学术会议、研讨会等学术交流活动，拓宽其学术视野，提高其学术影响力和竞争力。

三、党组织与党支部的关系与协调

党组织与党支部是相辅相成、相互促进的关系，需要保持良好的协调与配合。具体包括以下内容。

（一）统筹规划

1. 明确规划

（1）明确战略目标

统筹规划首先要明确战略目标，这是党组织和党支部共同发展的出发点和归宿。通过设定清晰的长期和短期目标，可以确保所有工作的方向和努力是一致的，避免资源浪费和目标偏离。

（2）构建合作机制

有效地统筹规划还需要建立坚实的合作机制。这包括建立常态化的沟通渠道、协调会议和决策流程，确保在规划和实施过程中，各级党组织和党支部之间能够实时分享信息，平衡利益，达成共识。

（3）提升组织凝聚力

统一的规划有助于加强组织内部的凝聚力。通过共同制定和实施规划，不同层级的党组织和党支部能够更好地理解彼此的角色和职责，增强团队精神，提高成员间的互信和合作。

2. 规划的实施过程

（1）规划阶段的参与

规划的初步阶段需要广泛收集党支部和基层党员的意见和建议。通过问卷调查、座谈会等形式，收集基层党员的需求和期望，确保规划更加符合实际需要，增强规划的可执行性和实效性。

（2）执行阶段的监督机制

规划的执行阶段需要设立严格的监督机制。通过定期的检查、审计和评估，确保每个党支部都能按照规划执行，及时发现问题和短板，对策略进行调整。

（3）反馈和调整

实施过程中的反馈机制同样重要。党组织应建立一个反馈渠道，让党支部能够及时反馈执行过程中遇到的困难和挑战，党组织根据这些反馈进行适时的调整和优化。

3. 规划的评估与反馈

（1）定期评估的重要性

规划的效果需要通过定期的评估来确认。这些评估可以是半年或年度的，通过绩效指标和成果展示来分析当前规划的成效，识别存在的问题。

（2）反馈机制的具体实施

建立有效的反馈机制，允许党支部对规划的实施效果提出看法和建议。这种机制可以是定期会议、报告提交或在线平台反馈，确保所有参与者的声音都能被听到。

（3）策略调整

根据评估结果和反馈，党组织需要及时调整策略。这包括调整资源分配、重新设定优先级或修改具体的实施步骤，确保规划目标的最终实现。

（二）资源共享

1. 资源整合的策略

（1）资源共享的概念阐述

资源共享涉及的范围不仅局限于物质资源，还包括信息资源、人才资源等。在党建工作中，党组织与党支部应该通过建立共享机制，以提高资源的利用效率，实现优化资源配置的目标。

（2）建立资源共享机制

建立资源共享机制是资源整合的关键步骤之一。这一机制可以通过建立资源库、信息通讯平台等形式来实现。资源库可以集中存储各类资源，方便党组织和党支部进行共享。信息通讯平台则可以实现信息的即时传递和交流，加强沟通与协作。

（3）优化资源配置

通过资源共享机制，可以使资源得到更加合理的配置和利用。不同党组织和党支部之间可以根据实际需要共享资源，避免资源的重复投入和浪费，从而提高资源利用的效率和效益。

2. 信息交流平台

（1）信息在党建工作中的重要性

信息是现代党建工作的重要资产，对于党组织和党支部的决策和行动具有重要影响。因此，建立有效的信息交流平台对于加强党组织与党支部之间的沟通与协作至关重要。

（2）建立信息交流平台的必要性

信息交流平台可以帮助党组织和党支部实现信息的及时传递和处理。通过这样的平台，各级党组织和党支部可以共享各类信息，包括政策文件、工作动态、经验教训等，从而提高工作效率和质量。

（3）加强信息共享的实践方法

为了实现信息的有效共享，需要建立完善的信息管理和交流机制。这包括规范信息的录入、存储和检索流程，以及建立信息安全保障机制，确保信息的完整性和保密性。

3. 强化组织力量和凝聚力

（1）组织力量在党建工作中的作用

组织力量是党建工作中的核心竞争力之一。强大的组织力量可以为党组织和党支部提供坚实的后盾，推动工作的顺利开展。

（2）培训项目的重要性

通过共同的培训项目，可以增强党员之间的相互理解和支持，提升党员的综合素质和工作能力。这些培训项目可以包括党性教育、业务培训、团队建设等内容，以满足党员的多样化需求。

（3）交流会的作用

交流会是组织内部沟通和交流的重要平台，可以促进党员之间的情感交流和思想碰撞，增强组织的凝聚力和向心力。通过定期举办交流会，可以使党员更加紧密地团结在一起，共同为党的事业奋斗。

（三）协同推进

1. 协同作战的框架

（1）明确共同目标

协同作战的第一步是确立明确的共同目标。在党建工作和教师队伍建设等领域，党组织和党支部需要明确工作目标，明晰工作方向，以便统一行动、协同推进。

（2）任务分配与责任明确

在明确了共同目标后，需要对任务进行合理分配，并明确责任人。每个党组织和党支部应根据自身优势和特长，在协同作战中承担相应的任务，确保各项工作有序推进。

（3）进度监控与结果评估

协同作战需要建立有效的进度监控和结果评估机制。定期对工作进展进行跟踪和评估，及时发现问题并进行调整，确保工作目标的顺利实现。

2. 合力形成的实践

（1）频繁地交流与合作

合力的形成依赖于党组织和党支部之间的频繁交流与合作。通过定期组织工作会议、成立联合工作小组等方式，可以促进双方之间的信息共享和资源整合，实现合力的最大化。

（2）建立协同机制

为了促进合力的形成，可以建立相应的协同机制。例如，建立协同工作机构或者成立协同工作专班，负责统筹协调各方资源，推动工作的有序开展。

（3）加强团队建设

团队建设是促进合力形成的重要环节。通过组织各类培训和团队活动，增强党组织和党支部成员之间的凝聚力和战斗力，为实现共同目标提供坚实的基础。

3. 成效的量化和优化

（1）建立成效评估机制

协同推进的成效需要通过明确的评估机制进行量化和评价。建立科学合理的成效评估体系，对工作进展和成果进行定量分析，及时发现问题和不足，为进一步优化提供参考依据。

（2）持续优化和改进

成效评估不仅是对过去工作的总结，更是对未来工作的指导。在评估的基础上，及时总结经验教训，找出问题所在，并提出有针对性的改进措施，持续优化协同推进的工作模式和机制。

（3）促进经验分享

在优化和改进的过程中，需要促进党组织和党支部之间的经验分享。通过开展经验交流会、撰写案例分析等形式，让各方及时分享成功的经验和教训，共同提高工作水平和效率。

第二节　干部队伍的建设与培养

一、党的干部是教育事业的中坚力量

中国高等教育之所以取得可持续发展成就，是因为有中国共产党领导，是因为有着一支忠诚、干净、担当的高素质干部队伍，正因如此我们的高等教育事业才能够不断发展壮大，才能够取得一个又一个改革胜利的成果。

（一）党管干部原则是建设高素质专业化干部队伍的保障

贯彻落实好党管干部原则，必须加强高校党委、分管领导和组织部门在干部选拔任用中的权重，解决唯票、唯分、唯年龄等问题，切实选好用好每位干部。为有利于选人用人机制挑选出优秀人才，有利于保证党的基本路线的全面贯彻执行和中国特色社会主义事业的顺利发展，2019 年 3 月中共中央印发了修订后的《党政领导干部选拔任用工作条例》（简称《条例》）。《条例》强调：要落实党管干部原则，切实加强党组织领导和把关作用，确保选人用人工作的正确方向。要突出政治标准，提拔重用树牢“四个意识”、坚定“四个自信”、坚决做到“两个维护”，全面贯彻执行党的理论和路线方针政策的干部。要坚持事业为上，拓宽用人视野，激励担当作为，大力选拔敢于负责、勇于担当、善于作为、实绩突出的干部。中共教育部党组《关于进一步加强直属高等学校

领导班子建设的若干意见》指出："坚持党管干部原则，坚持五湖四海、任人唯贤，坚持德才兼备、以德为先，坚持注重实绩、群众公认，按照社会主义政治家、教育家的要求和新时期好干部的五项标准，选好配强校级领导干部。"这些都为新时代高校落实好党管干部原则提供了遵循。

贯彻落实好党管干部原则，必须加强党对干部的教育培训和检查监督。高素质专业化干部队伍建设的先导性、基础性、战略性工程就是做好干部教育培训。2018 年 10 月，中共中央印发《2018—2022 年全国干部教育培训规划》，对贯彻落实新时代党的建设总要求和党的组织路线，培养忠诚、干净、担当的高素质专业化干部队伍，确保党的事业后继有人具有重大而深远的意义。教育部国家教育行政学院为提高全国高等院校管理干部学习水平，建立了高等教育管理干部培训学习的平台。平台显示，注册人数为 101405 人，访问数量达到 11127212 次。此外，教育部国家教育行政学院每年还举办两期高校领导干部培训班和高校处级后备干部培训班。干部管理检查监督很必要，不断完善的干部管理监督制度体系是管好干部的关键。2016 年 8 月，中共中央办公厅印发《关于防止干部"带病提拔"的意见》，指出党委（党组）在向上级党组织推荐报送拟提拔或进一步使用的人选，要认真负责地对人选廉洁自律情况提出结论性意见，实行党委（党组）书记、纪委书记（纪检组组长）在意见上签字制度。同时，要求各地结合巡视开展选人用人专项检查，严格查处跑官要官、买官卖官、拉票贿选等不正之风。

贯彻落实好党管干部原则，必须健全干部的激励保障制度。2015 年 5 月，中共中央办公厅印发《事业单位领导人员管理暂行规定》，对于健全事业单位领导人员选拔任用机制和管理监督机制，建设一支高素质专业化干部队伍，推动事业单位又好又快地发展具有十分重要的意义。为了更好地加强高校领导班子建设，高校领导班子和领导个人每年都要接受主管部门年终考核和政治生态考核，并填写干部工作成绩清单和存在问题清单，作为干部选拔任用依据。2018 年 5 月，中共中央办公厅印发了《关于进一步激励广大干部新时代新担当新作为的意见》，就是为广大党员干部提供干事、创业、担当、作为的大好环境，把那些敢于负责、勇于担当、乐于作为、善于作为的好干部选拔出来，并树立鲜明的务实导向，重实干、重实绩，原谅和宽容某些干部在改革和创新中的失误，激励鞭策干事创业的干部，为他们撑腰鼓劲，从而凝聚起强大的工作合力。这为配好配强高校领导干部提供了遵循，也为高校领导干部干事创业指明了发展方向。

（二）年轻干部是高等教育事业可持续发展的有生力量

从党的教育事业可持续发展和教育强国的高度，必须有着眼近期需要和长远战略需求的考虑，培养选拔一批又一批高素质、专业化的年轻干部。这既是党和国家事业发展的高瞻远瞩，也是高等教育事业发展的长远大计。做好新时代高校年轻干部工作就是要建设一支忠实贯彻习近平新时代中国特色社会主义思想、符合新时代好干部标准，数量充足、充满活力的高素质、专业化的年轻干部队伍。实现中华民族伟大复兴，坚持和发展中国特色社会主义，关键在党、关键在人，归根到底是在培养造就一代又一代可靠的接班人。因此，选拔年轻干部的第一条标准就是对党忠诚。忠诚不是写在报告上的，也不是在嘴上说说，而是体现在担当作为上的。对政治忠诚的考察，要看知行是否如一，表里是否一致，要建立全过程考察机制，分析干事创业初心，把那些真正对党忠实可靠的高素质、专业化的年轻干部选拔到高校领导岗位。只有对党的教育事业忠诚，对习近平新时代中国特色社会主义思想理念坚定，年轻干部才能在大是大非面前高举中国特色社会主义旗帜，在改革创新风浪考验面前敢于担当，在各种诱惑面前坚定政治立场，在关键时刻上得去、挺得住、干得成。

党的十八大以来，党中央高度重视培养选拔高素质、专业化的年轻干部。2018 年以来，中共中央政治局审议通过了《关于适应新时代要求大力发现培养选拔优秀年轻干部的意见》，中共中央印发了《2018—2022 年全国干部教育培训规划》，修订了《党政领导干部选拔任用工作条例》等一系列文件和规定，为培养更多优秀的年轻干部奠定了坚实的制度基础。高校优秀年轻干部培养选拔中要做好预期规划，有计划、有目标、有目的地做好提前培养，打好提前量。要打开培养选拔领域、行业、战线、专业的界限，注重跨行业、各领域交流的复合型领导干部和有宽广的历史视野、国际眼光、战略思维的人才，广开选贤纳士之路、广纳天下英才。在选干部、配班子时既要看得到干部的数量，更要注重质量，要按照学校的需求进行选拔规划，不能有任何偏袒或不公。做好年轻干部工作是高校党委的主要任务之一，对有培养价值和发展潜力的年轻干部，要及时发现，并安排在关键、重要的岗位历练打磨，在硬仗中发现、考察、提拔年轻干部，促使高校年轻干部尽快成长，为忠诚于党和人民教育事业担职尽责。

二、培养忠诚、干净、担当的高校干部

新时代党的组织路线，强调要“着力培养忠诚、干净、担当的高素质干部”。忠诚、干净、担当，深刻揭示了党员干部应具备的政治素养；忠诚、干净、担当是高校领导干部必须具备的政治品质。

（一）信念坚定，对党忠诚

忠诚必须坚守理想信念、牢记初心使命。对党忠诚，是共产党人的政治品质，是坚定的理想信念。没有对马克思主义的坚定信仰，没有对共产主义的坚定信念，要做到对党忠诚是不现实的。坚定理想信念，最根本的是深入学习贯彻习近平新时代中国特色社会主义思想。认识真理、掌握真理、信仰真理、捍卫真理，是坚定理想信念的精神前提。高等教育的使命初心就是培养德、智、体、美、劳全面发展的社会主义建设者和接班人，就是实现立德树人的根本任务。高校领导干部对党忠诚，不仅是关系高校领导干部政治品行、道德修养的问题，而且是关系党的团结和集中统一的重大政治问题，必须牢固树立“四个意识”、坚定“四个自信”、坚决做到“两个维护”，按照《中共中央政治局关于加强和维护党中央集中统一领导的若干规定》的相关规定要求，严守政治立场，把握政治方向，将政治纪律、政治规矩挺在前面，始终与党中央保持高度一致。

对党忠诚，既是高校领导干部的政治标准，更是实践标准。高校领导干部要把严明政治纪律、政治规矩落实到教书育人全过程，坚决贯彻习近平总书记关于教育的重要指示批示以及党中央的决策部署，为党育人、为国育才，实现立德树人的根本任务。坚决杜绝只传达会议精神，不学习研究落实工作，只高调表态，不跟踪问效。坚决杜绝“七个有之”，不做“两面人”，做到“五个必须”，自觉同师生想在一起、干在一起，着力解决师生的难事和民生事。

（二）清正廉洁，保持干净

干部做到干净，是共产党人的政治本色。干净做事做人，既是具体要求，

也是政治本色。高校领导干部必须加强党性修养，用自己的言行诠释共产党人干净的内涵，在清正廉洁上做表率。

干部干净必须立党为公、执政为民，去掉私心。公私分明，是为官操守；大公无私，是品德和境界，只有一心为公，事事出于民心，才有正确的权力观、义利观、事业观。高校领导干部手中掌握着党赋予的权力，掌管着国家资源，从选择教育事业的第一天起，就应该像春蚕一样献身教育事业。处理好公权和私利的关系，考验的不仅是政治品质，更是精神境界。党章规定，“除了法律和政策规定范围内的个人利益和工作职权以外，所有共产党员都不得谋求任何私利和特权”。所以，高校每名领导干部都要严格践行党章要求，始终做到公私分明。领导干部要树立正确的权力观，牢记手中的权力是人民赋予的，决不能有特权思想。

高校领导干部要时刻自警、自省，保持共产党人的高尚品格和廉洁操守，自觉同特权思想和特权现象作斗争。干部干净必须明大德、守公德、严私德。高校领导干部一定要明大德，这个大德就是铸牢理想信念之基，锤炼坚强党性，培养德才兼备的人才；守公德，就是高校领导干部要强化宗旨服务意识，是师生的公仆，全心全意为师生服务是基本公德要求，做到“权为民所用、情为民所系、利为民所谋”；严私德，就是慎独、慎微，律己修身。高校领导干部必须加强私德修养，克己奉公，必须加强家风建设，防止“枕边风”成为腐败的导火索，防止子女打着自己的旗号非法牟利；交友要慎重，防止被身边人拉下水。在工作中要有爱师生之心，倾听师生意见，回应师生合理诉求，自觉接受师生监督。经常对照党章检查自己的言行，加强党性修养，绝对不踩政策和法律的高压线，保持清正廉洁的品行和操守。

（三）勇于担当，善于作为

自党的十八大以来，我们党所面临的挑战不仅来自国内外的严峻形势，还有党内存在的一系列问题。因此，勇于担当首先是一种精神追求。共产党员正是凭借这股革命热情和斗志，凝聚了全国各族人民的力量，推翻封建专制制度，实现了中国历史上的伟大转变。党以勇气和智慧完成了社会主义改造，确立了社会主义制度，为中国的进步和发展奠定了坚实基础。在改革开放的道路上，中国共产党人以伟大的自我革命推动了伟大的社会变革，使得中国迎来了前所未有的历史飞跃。担当责任需要我们不辞辛劳、实实在在地努力工作。

高校的领导干部应当怀着使命和担当，勇挑重担，肩负起高等教育的使命。在党的教育方针指引下，坚持以社会主义为办学方向，在中国大地上开展教育事业，我们的目标是凝聚人心，完善个人品质，开发人才，培养社会主义建设者和继承者，造福人民。我们要加快推进现代化教育，努力打造人民满意的教育体系，为建设教育强国作出贡献。

三、健全高校干部建设与管理体系

干部建设与管理是高校党建工作的重要内容，着力培养造就忠诚、干净、担当的素质高、能力强、业务精的干部队伍是关键，做好干部培育、选拔、管理、使用工作是重点。党的十九大报告在新时代党建总体要求中，对“建设高素质专业化干部队伍”的内容有明确的阐述，要“坚持严管和厚爱结合、激励和约束并重，完善干部考核评价机制，建立激励机制和容错纠错机制，旗帜鲜明地为那些敢于担当、踏实做事、不谋私利的干部撑腰鼓劲”。

（一）建立全过程培养体系

高校干部培养要从源头抓起，既要立根，又要固本。筑牢信仰之基，打好从政之本，擦亮廉政底色，呈现能力本色。要全面提高高校干部的马克思主义理论素养和水平，掌握辩证唯物主义和历史唯物主义思想方法，学懂、弄通、做实习近平新时代中国特色社会主义思想。教育引导高校干部一开始就想明白当干部的初心和使命，以及岗位职责和职业操守，为培养一代又一代建设者和接班人而努力奋斗。

在跟踪培养上，高校党委要及时跟进、了解、掌握干部的思想动态，帮助干部补短板、强弱项。要经常性、有意识、近距离地接触干部，看待干部在大是大非面前的选择与站位，看待干部对重大问题的思考与把握，看待干部对群众的感情与关注，看待干部对待利益的态度与观点，看待干部处理事务的思维与方法，掌握干部的日常表现，确保干部能在党组织的关注、关心、关怀、关爱下成长进步。要建立健全思想状况，利用定期分析、谈心谈话、工作日志报告等形式，确保做到政治信仰坚定、政治方向不偏、政治立场不移。要注重通过干事创业表现，考察高校干部的能力素质，突出干部教育培训的针对性、有效性，帮助干部增强本领，全面发展。

在全程培养上，要增强高校干部培养的针对性、系统性、持续性。高校党委要统筹把握干部成长的阶段性特征，根据干部的不同类别和特点有针对性地制定培养计划，不断优化培养途径、创设成长空间、搭建培育平台，将理想信念教育、人格素质提升、知识结构优化、能力水平跃升贯穿在干部培养的全过程。此外，在干部培养过程中不能预设晋升路线图。在培养过程中，一些干部受到自身和外部环境的影响，出现不适应岗位要求、自身能力和成长空间收窄的情况也是正常的，要从事业需要出发，坚持优胜劣汰的动态调整。

（二）建立科学的选拔任用体系

建立科学的干部选拔任用体系是高校管理工作的关键环节。在确定人选时，必须明确选人标准、选人来源和用人方式，这是解决高校干部选拔任用问题的核心。

第一，在确定选拔标准时，高校党委必须将政治素养摆在首位。坚持德才兼备、廉洁勤政的干部标准。古人云："君子挟才以为善，小人挟才以为恶。"这句话指出，如果一个人的政治品德有问题，他的才能越强，担任的职务对党和人民的危害就越大。因此，政治上有问题的人必须被否决。在干部任用方面，高校党委应该坚持以事业为重，根据工作需要选拔人才，做到人岗相适应。在选拔人才时必须将干部的培养和需求结合起来，实现前置化培养，要"缺什么补什么"，根据需要选拔合适的人才。尤其是在选任高校领导班子成员时，应注重专业、学历和岗位的匹配度，不应该让"门外汉"管理"门内人"。要加强与选拔岗位相适应的专业能力培养，确保选人用人的合理性和科学性。

第二，在确定干部来源时，地方党委和教育部党组应该坚持能者选拔的原则，大胆地开放干部选拔渠道。坚决打破论资排辈、地方化、部门化的观念和做法，扩大干部选拔视野。可以根据学校特色，结合校地合作、校企合作、校际合作等方式，有针对性地在地方政府机关、国有企业、其他高校、科研机构等地方选拔干部。特别是在引进和使用一些专业性、行业性人才方面，要注重多渠道的引进和使用，以实现高校领导班子结构的多元化。

（三）建立严格的管理体系

建立健全的管理体系是确保组织高效运转的重要保障。在高校党委的领导下，我们要始终坚持严管与厚爱相结合的原则，充分发挥好干部的作用。对此，我们需要从多个方面加强管理。

管理思想方面，要注重对干部的日常思想教育，通过组织开展党委中心组学习、党组织生活等活动，提升干部的理论修养和政治素养，使其具备正确的思想认识和全局观念。同时，我们还要关注工作方面的管理，引导干部在工作程序、方式和方法上不断创新，实现工作的持续发展和进步。此外，作风方面的管理也是至关重要的，要加强对干部的日常行为管理，将工作圈管理和社交圈管理有机结合起来，做到工作作风和生活作风的一体化管理，确保干部廉洁自律，不断提升党性修养。对于纪律方面的管理，我们要明确政治纪律和规矩，及时提醒和警示干部，加强对其的约束和监督，防止出现“四风”问题，确保党内政治生态的健康发展。

为了加强对高校干部的严格管理，党内监督是一种重要手段。党委和纪委要注重发挥群众监督和社会监督的作用，引导广大党员、干部自觉用党章、党规约束自己的行为，敢于在民主生活会上进行批评和自我批评，落实好党内监督条例，用好巡视巡察等制度。同时，还要加强对干部的廉洁管理，落实好述职述廉、诫勉谈话等制度，严格杜绝“带病提拔”的现象出现。

第三节　工作机制与平台建设

一、提升政治领导能力机制的建设

政治领导力是一个政党的根本属性，由政党的性质、宗旨、要求和成分等要素构成，表现为政党的话语权、执行能力、影响程度和发展状况。我们党的450万个基层党组织行动能否保持一致，强大的领导非常关键，因此政治领导能力是基层党组织发挥组织力的根本要求。提升高校教师党支部的组织力，就是要充分发挥支部的政治优势，在党的教育方针的领导下，全面领导教师群体走好社会主义办学方向。

（一）构建马克思主义意识形态

场域指的是人的每个行动均被行动所发生的场域所影响，而场域并非单指物理环境，也包括他人的行为以及与此相连的许多因素。教师在教书育人和科研生活时具有自己的认知原则。其中包括自己观察的方式方法和标准，这一原则既是来自知识经验的历史总结，也是对未来工作生活的重要认知基础。这种认知基础主要来源于意识形态的指导。加强教师党员思想政治工作必须浸入意识形态的场域之中，“意识形态是一种社会意识，是作为主体的人对客观世界进行能动认识并深刻反映在脑海中而形成的思想观念体系，其核心内容是世界观与方法论”。因此，正确且具有活力的意识形态场域既可以为思想政治工作提供具体的方法论指导，也可以为高校教师接受思想政治工作内容提供良好的生态环境。

作为高校基层党组织，教师党支部更应该致力于让具有中国特色的马克思主义意识形态成为高校中占主导地位的意识形态，通过影响教师的思想认知，使教师的思想与教师党支部保持高度一致。具体来讲，教师党员要在教育和科研工作中自觉地采用矛盾的观点来辨析问题，用唯物辩证法的观点来解决问题。其次，教师党支部要在马克思主义意识形态的场域中实现党的伟大任务与教师的人生理想辩证统一。总体来说，建立健全教师党支部的马克思主义意识形态场域，就是要以正确的环境影响教师，以主流的舆论引导教师，以高尚的精神塑造教师，完成教师党员的思想政治工作。

（二）健全教师党支部上下联动的教育体系

1. 建立健全管理机制

建立健全的管理机制是推动教师党支部思想政治工作高效运转的必然要求。在确立责任分工的过程中，要建立一套明确的管理机制，以确保党委、院系党组织和教师党支部之间形成紧密的联动。首先，教师党支部思政工作负责人应当肩负起主要领导责任，担当统一领导和指导思政工作的重任。这需要他们具备深厚的理论功底和丰富的实践经验，能够准确把握党的路线方针政策，有效组织和指导党支部工作的开展。同时，教师党员之间也应当建立起相互监督、相互扶持的关系，形成共同管理的合力。这就需要党员们能够积极参与党支部的工作，发挥出各自的优势和特长，在共同的目标下形成团结合作的局面。此外，党支部之间也需要积极展开协作，共同推动教育工作的开展。通过党组织之间的互动交流和资源共享，可以更好地发挥各级党组织的政治领导作用，促进基层党支部的思政工作能力不断提升。综上所述，建立健全的管理机制不仅是推动教师党支部思想政治工作的需要，也是提升党建工作水平、加强党的组织建设的迫切需求。

2. 丰富的教育内容

在拓展教育内容的过程中，教师党支部需注重与科研教学的有机融合，以更好地实现思想政治教育的目标。首先，教师党员应当深入挖掘科研教学与党的教育之间的内在联系。科研教学是高校教师的重要职责，而党的教育则是思想政治工作的核心内容，两者之间存在着内在的衔接点。因此，教师党员应当通过开展科研项目、撰写科研论文等方式，将党的理论与科研实践相结合，引导广大教师党员从科研实践中汲取党的理论知识，增强思想政治素养。其次，教师党支部还应根据时代的发展和高校的实际情况，不断创新教育内容。随着社会的不断发展，教育内容也需要与时俱进，符合时代潮流。因此，教师党支部可结合当前社会热点、国家政策等，开展形式多样的教育活动，如专题讲座、读书分享会、主题讨论等，使教育内容更加贴近教师党员的学习需求和实际工作情况。通过丰富多彩的教育内容，能够更好地激发教师党员的学习热情，提升其政治理论水平和实践能力，进而推动教育工作的深入开展。

3. 建立健全的考核机制

建立健全的考核机制是保障教师党支部教育联动的重要保障。首先，要坚持定性与定量相结合的原则，使考核评价更具全面性和科学性。通过定量评价能够量化党支部的工作成效，如开展各项活动的频率等，而通过定性评价则能够更好地了解党员的思想状况和政治素养。其次，要坚持基层互评与上级复评相结合的原则，避免自评工作的主观性过强。通过基层互评和上级复评相结合，能够客观全面地评价党支部的工作开展情况。对于考核表现突出的党支部，应当及时表彰和激励，为其他党支部树立榜样。对于存在不足的党支部，则要督促指导其进行整改，提升工作水平。通过健全的考核机制，能够促进教师党支部教育工作的持续改进和提升。

（三）提升思政工作负责人的教育本领

提升思想政治工作负责人的教育本领是加强高校党支部建设和提高思想政治教育水平的重要任务。第一，要强化思政工作负责人的理论素养和政治觉悟。通过系统的理论学习，全面理解和掌握马克思主义理论、中国特色社会主义理论体系，以及习近平新时代中国特色社会主义思想，使他们能够在实践中坚定政治立场、明确工作方向。第二，要提升思政工作负责人的实践能力。理论与实践相结合，是思政工作的基本原则。通过组织各种形式的培训和实践活动，如专题讲座、工作坊、交流会等，使思政工作负责人能够不断积累实践经验，提高解决实际问题的能力。同时，鼓励他们深入学生群体，了解学生的思想动态和实际需求，从而有针对性地开展思想政治教育工作。

二、提升组织凝聚力机制的建设

组织凝聚力是基层党组织凝聚党员进行伟大斗争、建设伟大工程、推进伟大事业、实现伟大梦想的重要基础。基层党组织凝聚力强，则党组织团结有力，应对政治风险、抵御重大危机的能力强劲。新时代高校院（系）党组织要不断与时俱进，优化党组织体系，设立科学规范、适应时代发展的组织部门，锻炼能打胜仗、作风优良的党员队伍，配备综合素质过硬的党务工作者，从而为提升基层党组织组织力奠定扎实的组织基础。

（一）优化组织设置，增强高校基层党组织的向心力

党员是党支部的细胞，是党组织的微观组成单位。“党员队伍建设是基层党组织建设中最基础和最关键的环节”，只有不断优化高校基层党组织党员组成、扩大党支部覆盖面，增强党支部、党员之间互动交流，高校基层党组织才会有扎实的凝聚力和坚实的向心力。

1. 做好高校党员发展工作

吸纳优秀学生、教职工加入党员队伍，做好高校师生党员发展工作，使高校党员队伍得以源源不断地补充，对于巩固党在高校的领导、扩大党的群众基础等具有重要意义。但是在基层实践中，高校党员发展工作出现了对入党积极分子培养考察力不从心、党员发展流程不规范等问题。新时代，高校基层党组织尤其要做好党员发展工作，建立师生党员先进榜样，为立德树人工程强基

固本。

（1）要坚持党员发展标准

高校基层组织以“坚持标准，保证质量，改善结构，慎重发展”十六字方针作为党员发展工作的方针原则，着重考察入党动机和政治素养，吸收德才兼备、品行高洁、素质过硬、作风优良的师生入党。

（2）要规范党员发展流程

要严格按照“入党启蒙、入党积极分子、发展对象、预备党员”4个阶段发展培养并考核党员，落实院（系）党委、党支部、师生党员和群众三级考核，严格履行党支部、团支部民主推优考察程序。

（3）要科学制定中长期发展规划和年度计划

对培养计划、工作步骤、发展进度做出明确安排，做到有计划地发展党员。

（4）要建立高素质入党积极分子队伍

建立一支数量较多、素质较高、能力较强的入党积极分子队伍。及早发现和掌握一批积极分子，调动他们的政治热情，帮助他们在政治、学习、工作、生活等方面对标先进，成长发展。

2. 高校党支部设置的创新与覆盖范围扩大

近年来，随着教学科研管理体制改革和教育改革的深入推进，高等学校内部的教学科研组织方式以及管理服务组织设置都经历了巨大变化。原有的系、教研室的组织模式被颠覆，出现了多样化的教学、科研组织模式，如学科组、课题组、重点实验室、研究中心、教学中心、创新团队等。跨学科、跨院系，甚至跨学校的科研机构日益增多。然而，有些高校的基层党组织设置未及时调整，这种覆盖不到位的情况给党组织发挥作用带来了困难。新时代，高校基层党组织设置应与时俱进，提升党组织的创造力、凝聚力和战斗力，创新党支部的设置。首先，应将党支部设立在教学、科研、社会服务团队上，以解决长期存在的党建与业务工作“两张皮”、支部建设和发展动力不足等突出问题。其次，可以将党支部设立在学科上，培养群体的团队精神，融合党的思想政治教育和科研理论学习，同时完成党支部的设置、职能和工作机制的调整。最后，对于班级或宿舍人数较少的情况，可以按年级设立学生支部，而对于党员数量较多、情况较复杂的高年级学生，可以探索将学生党支部设立在班级上。以班级为单位建设党支部有利于发挥党建带团建作用，落实入党积极分子、预备党员的全过程管理与教育。对于实行完全学分制管理的情况，可以考虑按区域或宿舍楼层设立党支部。

3. 改进高校同级党组织横向交流机制

在高校党委作为基准的基础上，下分为两个党建序列。第一个是高校各机关单位党建序列，包括学校机关职能部门党支部和直属单位党委以及党支部。第二个是院（系）党建序列，包括高校院（系）党委和院（系）师生党支部。高校的基层党建工作在不同工作部门的支持下有序展开。从高校基层党组织的工作实践来看，由于党建工作任务的部署和具体执行的线性，上下级党组织之间的交流较多，但同级党组织之间的横向交流互动较少，缺乏相应的组织活动和学习交流机制的引导。一个典型的例子是，由于科研、教学任务繁重，无课时不需要坐班等因素的影响，高校院（系）教师往往很少与同一办公室的老师见面，导致院（系）横向党组织的联系和交流较为有限。同时，直属单位党支部、学校机关职能部门党支部与院（系）师生党支部之间，以及直属单位党委与院（系）党委之间的横向党建联系也相对较少。长此以往，这种情况不利于高校各基层党组织的优势互补、融合发展和高校党建工作质量的整体提升。由于高校设立的学科专业和高校部门工作之间存在相似和交叉之处，因此通过院（系）学术专业和高校直属单位、机关部门工作业务上的联系，加强院（系）师生党支部与高校机关职能部门党支部的共建，不仅具备了充分的工作交流现实需求，而且符合党建融合发展的政策导向。在实践中，高校基层党组织必须加强院（系）同级党组织横向交流机制的建设。例如，经济学院财务金融专业师生党支部与高校财务处党支部融合共建，人文社科师生党支部与校报、学报编辑部党支部融合共建，理工科师生党支部与理工科学报编辑部党支部融合共建等。这不仅有助于高校科研型教师从基层实践中找寻理论研究的突破口、加强学术研究，也有助于学生拓宽学科专业视野，加强职业素养，提早进行职业生涯规划等。

（二）加强党员队伍建设，提升高校基层党组织的战斗力

党员队伍建设得好不好，关乎党组织的战斗力。自中国共产党成立初期，就十分重视党员队伍建设，秋收起义后，共产党将党支部建立在连上，建立了

士兵委员会，实行官兵平等，这极大地鼓舞了官兵士气，促进了党对军队的管理。延安整风以反对主观主义、整顿学风为中心内容，大力推进党员教育，提升了党员的素质。中华人民共和国成立后，先后在全党发起了系列集中性学习教育活动，以统一党内思想，加强党员队伍学习能力和工作能力。新时代，高校院（系）党组织也要高度重视党员队伍建设，提升组织战斗力，以适应变化的高校管理体制变革、学科专业调整、内部机构设置变化等。

1. 提升高校基层党组织的党员教育质量

党员教育是党实现自我教育、自我提高、自我完善的重要手段。进入新时代，习近平总书记多次强调党员教育的重要性。

（1）要紧抓党员理论教育

“理论是行动的先导”，理论也是共产党员学习、工作的生命。增强党员理论教育，有利于开阔共产党员政治认知，深化为民服务的政治情怀。高校基层党组织要加强对党的政策、文件的解读与理解，当好党员教育的“火车头”，建设党员教育专门工作梯队，精心钻研党员教育经典金课教学设计，挖掘教学导入、教学互动、教学方法等优秀思想政治教育经验，加快制定党员教育专门教材，普及推广党员教育优秀经验，推动理论教育入耳、入脑、入心。

（2）要紧抓党员典型教育

高校基层党组织立足高校学术科研、教育教学、行政管理、后勤等工作，挖掘中青年教师、学生、离退休党员先锋模范事迹，以道德、党建、工作先锋带动后进，促进党员队伍升华，提高思想品德、综合素质的“高线”。推动违规违纪警示教育，促进党员紧绷遵规守纪之弦、增强律己之心，绝不踏破党纪国法的“底线”。

（3）要创新党员教育载体

丰富的党员教育载体可以带给党员生动的学习体验和广泛的学习兴趣。高校基层党组织要增强主动创新精神，可以运用实地参观的形式，引领师生党员参观博物馆、纪念馆，砥砺党员的初心使命；丰富党员教育网站建设内容，来优化党员使用感受，提升教育实效；还可以在“五四”青年节、“七一”建军节、“十一”国庆节等重大节日，推出举办凝聚正能量、弘扬主旋律的党员教育活动，加强党员对党的认同感和归属感。

2. 强化高校基层党组织党员日常管理

党员管理是党员队伍建设中的重要组成部分。如果高校基层党组织的党员队伍有着明确的发展目标和计划，并实行奖罚分明、严格执行的管理措施，那么高校基层党组织就会井然有序，作风也会良好。新时代高校基层党组织需要加强对党员的日常管理，可以从加强党务公开、探索新的党员管理模式、建立长效监督机制等多个方面入手，推动新时代党员管理的创新。

（1）必须加强党务公开，制定院（系）党委和各单位师生党支部的年度、季度、月度党建计划，以帮助党员明确团队目标和近期努力方向，从而凝聚党员的发展。

（2）探索新的党员管理模式，促使党员坚定理想信念，认真履行职责。例如，焦作市委组织部探索了党员"积分定星"管理的新方法。高校基层党组织可以借鉴这一方法，对党员参与党组织生活的积极性、履行党员义务等方面进行评分，制定新的党员管理模式。评分可以从定性与定量、单元评价与多元评价等多个角度对党员进行民主评议。

（3）必须建立高校党员监督的长效管理机制。高校基层党组织应根据党员的实际情况制定党员目标管理和考核体系，从制度上加强对党员的约束。对于拒不履行党员义务、连续 6 个月以上不按时交纳党费等违反党章的行为，必须进行管理。

（4）严格执行党的纪律，遵循"惩前毖后，治病救人"的原则，对党员实行警告、严重警告等不同程度的处分。

（5）加强对流动党员的管理。近年来，高校生源扩招和人才交流增加等因素导致高校流动党员的人数不断增加。高校基层党组织必须重视对毕业生党员和出国党员的组织关系管理，在保持党员档案信息完整性的同时，为党员提供组织关系转接凭证，如"党员组织关系介绍信""党员证明信""流动党员活动证"等。借助党员教育管理云平台、微信、QQ 等网络媒介，实现党员组织关系的编辑和退出，有利于克服由于距离带来的交流不便的障碍。

3. 提升高校基层党组织生活的实效性

进入新时代，一些高校基层党组织对于开展高质量的党组织生活的认识仍然不够深刻，导致党组织生活表面化，出现了脱离实际、脱离群众的官僚主义倾向。党员与高校基层党组织之间缺乏联系，党组织无法深入了解、监督党员。有些党员认为只有在上级党组织委派他们从事特定工作，并且由党内或党领导的组织支付生活费用，才算是在从事党组织工作，却没有意识到每个党员都应该在支部领导下参与党组织生活，参加会议、缴纳费用、讨论政策和工作，学习党报内容、做好宣传工作，吸收新党员也是党组织工作的重要内容之一，也是党组织工作的基本条件。新时代，高校基层党组织必须提升党组织生活的内容针对性和实效性，恢复党组织生活的活力，创造充满活力的党内组织生活。

（1）应当规范党的组织生活

高校基层党组织要严格按照党的规定召开支部党员大会、党小组会以及党员领导干部参加的民主生活会。在召开会议之前，应当在党务公开栏提前公布会议召开的时间、地点和主题，党员们要围绕会议主题认真准备；会议中应当建立问题清单，会后要根据清单逐项整改落实。党组织要严格执行党的主张、党的意志和党的决策，以实际行动推进党的建设。

（2）高校基层党组织要提升组织生活的针对性和实效性

党组织要精心设计党的组织生活主题，确保内容丰富、有效。一方面，党的组织生活应当紧密围绕党的最新方针政策、国际发展趋势等内容，设计会议内容，以解决党员们的思想疑惑、统一党内思想，提升党组织生活的针对性。另一方面，要考虑到不同年龄段党员的特点，围绕党的中心任务，制定系列化、精品化的组织生活，提升实效性。

（3）高校基层党组织要创新党组织生活的形式

党组织可以灵活运用讲座、演讲、联谊活动、知识竞赛、社会调查研究、参观革命遗址、观看电影、听取先进典型事迹介绍等形式，举办生动、活泼、富有教育意义的组织生活活动。

（三）增强党务工作者的素质，提升高校基层党组织的工作能力

党务工作者是党务党建工作的主要负责人，因而党务工作者的素质对党务党建工作的推进效率、实施质量等起到了十分关键的作用。尤其是在高校，由于高校党建要支持和带动教学与科研发展工作的特殊性，尤其需要高校党务工作者不断提高党务工作能力与素质，不断适应变化发展的高校基层党务党建

工作。

1. 选优配强，加强高校基层党组织队伍建设

随着高校扩招、办学自主权下放、院（系）学科专业调整等高校改革的逐步推进，高校基层党建工作面临新情况、新任务和新难题。在高校基层党组织中，亟需建设一支熟悉党的方针政策、了解部门工作规律、高效精干的专兼职党务干部队伍。

（1）优先选拔、适配高校基层党组织的党委书记、副书记

根据“政治家”和“教育家”标准，选拔和培养符合知识“复合型”、能力“创新型”、本职工作“专家型”的党务人才，担任党委书记、副书记，负责本单位的党建工作。制定合理的年度党建工作目标和任务，努力实现“五个到位”，打造示范性的院（系）。

（2）委派政治立场坚定、思想品德过硬、业务能力强的教师党员担任党支部书记

重视培养和选拔党支部书记，他们应当具备坚定的政治立场、优秀的思想品德和扎实的业务能力，发挥“党建＋业务”双向带头作用，激发党支部的活力。

（3）加强专职组织员队伍建设

根据2021年版《新时代普通高等学校基层组织工作条例》规定，“每个院（系）至少配备1至2名专职组织员”。高校基层党组织应当积极招聘专职组织员，负责院（系）的组织工作，推动高校院（系）党建工作的专业化发展。具体而言，要加强对组织员的岗前招聘说明，明确对党务素质、经验和能力的要求，从多个角度评估其工作能力和思想品德，明确专职组织员的职业认知，确保他们入职后能够胜任工作。同时，加强学校和学院的双向评价和考核，强化对专职组织员的过程性评价，推动他们在职业生涯中不断成长。

2. 强化高校基层党务工作培养，提升综合素质

做好党务工作是党组织开展相关组织活动的基础，熟悉并胜任党务工作是对基层党务工作者的基本要求。新时代，高校基层党组织要加强对党务工作者的培养、培训，提高其综合素质，提升党建工作能力，以适应变化发展的工作实际。

（1）要增强党务文书培训

党务文书是做好基层党务工作的重要工具，院（系）党务工作者要了解和掌握常见的党务文书基本要求和写法，明确入党申请书、思想汇报、预备党员转正申请报告、处分决定、申诉报告、复查报告、证明信、通知、通报、请示、报告、批复、决定、决议、会议记录、会议纪要、调查报告、计划、总结、典型材料等不同文书内容、体例的写法，为誊写党组织会议记录，宣传贯彻党的领导机关的决策、决定和指示，向上级机关反映基层党组织的有关情况，表达党员的要求和愿望奠定基础。

（2）增强党员发展的程序培训

通过课题研究、专题培训等方式，使高校基层党务工作者增强对党务工作流程的学习和了解，使其熟悉申请入党的条件、发展党员的手续、预备党员的教育和考察、党员鉴定、党籍党费管理、妥善处置不合格党员事项流程，以提升党务工作效率。

（3）掌握党务工作的领导方法和艺术

一方面，打铁还需自身硬，党务工作者要掌握党建工作的“十八般武艺”，尤其要重视“‘内培’，着力提升高校党务工作者数字化能力”，适应新时代党建工作数字化要求。另一方面，党务工作者在管理党员时，要做到恰如其分、适可而止，以理服人、以情感人，最大限度地团结同志。

3. 探索新媒体高校党建，拓宽工作渠道

随着互联网的快速发展，微博、微信、QQ 等新媒体平台已经深入人们的生活和工作。在高校党建工作中，利用新媒体进行宣传教育管理已成为未来发展的重要趋势。新媒体具有时间效率高、信息传播广、互动性强等特点，为高校党建工作带来了全新的发展机遇。

（1）提升宣传效率

新媒体可以克服时间和空间的限制，实现信息的即时传播和广泛覆盖。尤其是在疫情防控期间，高校可以通过网络新媒体平台宣传疫情防控知识、提供心理疏导服务，有效凝聚党员和师生团结的力量。为了更好地发挥新媒体的作用，高校党组织需要加快研究新媒体传播规律，创新宣传方式，讲好党的故事，传递正能量，引领师生积极向上的精神风貌。

（2）搭建智慧管理平台

通过搭建党务新媒体平台，高校可以实现党务管理的智能化和信息化。借助“灯塔党建”等网站平台，可以实现党员信息管理、学习考试记录等功能，提高党务管理的效率和精准度。同时，加大对党务公开的力度，促进党内信息的透明化和公开化，为党员提供更加便捷的服务。

（2）整合教育资源

利用新媒体平台整合党建教育资源，可以更好地满足党员的学习需求，提升党建教育的实效性。通过“党旗飘飘”等线上学习平台，党员可以进行理论学习和优质基层党建经验分享，解决在党建实践中遇到的思想难点和实践问题，推动党建工作的深入开展，提升党员的素质水平。

三、基层治理的三级联动机制与教师党支部建设

（一）以“三级联动”为目标完善高校基层治理工作机制

推进高校基层治理现代化和治理能力现代化，关键在于始终坚持党的全面领导，基础在于建立科学长效的治理机制。针对教师党支部在高校基层治理中作用长期缺失的现实问题，提出要加快建立常态化的“三级联动”基层治理机制。

1. 加快完善“三级联动”的工作机制

业务工作和党务工作“两张皮”是当前高校面临的最突出的现实问题，也是广大教师和教师党员普遍关心的问题。“三级联动”的工作机制，既包括党务工作的三级联动，也包括业务工作的三级联动。高校要从学校党委、院系级党组织和基层党支部 3 个层面厘清工作逻辑、明确工作关系、畅通工作流程，建立“自上而下”和“自下而上”相互循环的治理体系。例如，发展教师党员是高校的一项重点工作，也是长期以来的一项难点工作，高校应从学校党委、院系党组织、教师党支部 3 个层面进行任务分工，分别与相关教师建立“一对一”的联动机制，运用多方力量从多重维度引导教师在思想和行动上主动向党组织靠拢。

2. 加快制定“三级联动”的工作制度

“没有规矩不成方圆”。制度完善则工作有序，制度缺失则秩序混乱，建

立起完善的工作制度，是提高治理效能的必经之路。以“三级联动”的基层治理机制改革为驱动，在各项基层治理的具体事务中，各级党组织所扮演的角色、承担的职责、执行的原则等都应以权责明晰的制度作保障，高校在加快推进基层治理“三级联动”的制度化建设方面可大胆迈出开拓性步伐、主动进行创新性引领。例如，绩效分配长期以来是教师普遍关心的重点工作，也是矛盾相对集中的领域，高校应从学校党委、院系级党组织和教师党支部 3 个层面建立“三级联动”联席会议制度，保障意见征集的全面性、政策制定的科学性及工作推进的有序性。

3. 加快构建“三级联动”的工作平台建立

由党支部参与的“三级联动”基层治理机制，仅靠领导重视和制度保障显然是不够的，还必须搭建线上线下相结合的联动平台。以常态化的联席会或非常态化的联席网络群为平台依托，基层党支部将基层治理过程中遇到的有关问题和意见建议及时反馈到上级党组织，上级党组织根据实际需要及时传达、布置、检查、指导有关工作推进落实，真正做到“一切工作到支部”。

（二）以“三重培训”为基础提升高校基层治理工作能力

教师党支部参与高校基层治理，必须以提升教师党员基层治理能力为首要任务。有研究显示，教师参与高校治理的动机主要是为了维护自身的利益，与提高决策的民主化、科学化水平和促进学校发展关联很小。从一定范围来看，尽管教师党员与一般教师在政治站位、思想觉悟、纪律要求等方面确有不同，但在参与基层治理的过程中，仍不确定他们能否真正摆脱学科逻辑和自我利益的狭隘性。

鉴于此，提出以“三重培训”为基础提升高校基层治理工作能力。第一重是组织教师党员开展基层治理的思想意识教育。主要包括主人翁意识和党员意识，主人翁意识即要有参与学校基层治理的自觉性和主动性，党员意识即要有做好学校基层治理的政治性和使命性。各级党组织要以政治理论学习为重点依托，不断创新“三会一课”、组织生活会、民主评议党员工作形式，将加强基层治理的思想意识教育固化下来，形成每月、每季度、每年度的时间表和路线图，让每名教师党员始终绷紧主动参与基层治理这根弦，强化参与基层治理的意识。第二重是组织教师党支部支委开展基层治理实务培训。教师党支部参与高校基层治理，支委成员是工作核心。由于历史原因，多数支委成员对“职称评审”“工作考核”等基层治理具体事宜缺乏系统性了解和全局性认识。各职能部门应加强与各级党组织的沟通协同，不定期组织教师党支部开展高校基层治理的专题性实务培训，通过座谈、宣讲等方式提高他们对各项基层事务内在逻辑和运行方式的认识和理解，从而推进各项具体工作在“最后一公里”导航有向、疏路有方、落实有人。第三重是组织教师党支部书记参加校内外调研和过程决策。在教师党支部参与高校基层治理的过程中，教师党支部书记是极为重要的角色。要真正发挥其“领头雁”作用，必须培养好其“领头雁”能力。除了校内日常的工作交流和业务培训之外，学校各级党组织应组织教师党支部书记参加校内外专题调研，以帮助他们进一步开拓视野、提高建言献策质量和基层治理水平。安排教师党支部书记参加学院“三重一大”决策过程，以提高他们的政治站位并发挥他们在教师中的引领作用。

（三）以“三项工作”为重点提升高校基层治理工作水平

教师党支部建设促进高校基层治理是全面加强党的领导在基层的现实延伸，与职能部门专人专职从事基层治理工作相比，其角色定位和职责任务是有区别的。总体来说，基层治理工作是职能部门的主职主责，教师党支部更多承担的是辅助之责，重点发挥促进作用。因此，以建立“三级联动”基层治理机制为前提，教师党支部可以通过抓实、抓紧、抓好“三项工作”推进高校基层治理工作。

第一项是围绕中心工作抓好党建工作。以中心工作为中心，以党建工作引领中心工作，以点带面、以小见大、以少积多，促进学校全面发展是当前高校基层治理的基本理念。要充分发挥教师党支部战斗堡垒的作用，既要鼓励教师党员在中心工作方面争做先锋模范，又要宣传凝聚广大教师全身心投入党建工作。具体来说，可以通过在教师党支部群及时宣传教师高水平教学科研成果，激发教师在教学科研业务方面的工作活力；可以通过组织开展各类特色交流走访活动，提升新老教师的凝聚力和向心力。

第二项是围绕教师需求抓好民心工作。坚持把教师队伍建设作为基础工作，是办好中国特色社会主义教育事业的规律之一。教师党支部是面向广大教师的最基层党组织，担负凝聚教师、服务教师之责。实时掌握教师思想动态，及时解决教师现实需求，是做好一切教师工作的根本和核心。一方面，教师党支部要按照“包产到户”的工作理念，分片区安排教师党员与一般教师保持密切联系，确保联系教师全覆盖、服务教师全方面。另一方面，设置联系服务教师专项经费，以解决教师党员在处理教师思想、学习、生活、工作等问题中产生的必要性的费用问题。

第三项是围绕关键环节抓好业务工作。高校具体业务能否科学合理地高效运行，在很大程度上体现了高等教育的现代化水平。面对教师党支部在高校具体业务中没有“位子”的客观现实，高校应在关键环节为教师党支部提供“印子”，确保教师党支部领导基层治理看得见、抓得着、落得地。例如，在职称评审和职务晋升过程中让教师党支部把好思想政治关，在教材选定和课程教学方面让教师党支部把好意识形态关，在绩效标准制定和资源分配环节让教师党支部把好意见征集关，在人才引进和招生就业领域让教师党支部把好宣传动员关，等等。

第六章　教师党支部纪律建设的文化塑造

第一节　文化理念与内涵构建

一、教师党支部文化的核心理念

（一）党的先进性

1. 党的先进性的内涵

在思想上，党的先进性要求党员教师始终保持马克思主义的指导思想，这不仅包括对党的基本理论的理解和信仰，更重要的是在教学和科研实践中贯彻马克思主义的方法论。党员教师应当具备批判性思维，善于分析和解决问题，积极参与学术讨论和研究，不断提高自身的理论水平和思想境界。

在作风上，党的先进性要求党员教师端正工作态度，勤奋敬业，积极进取。党员教师应当以身作则，以高度的责任感和使命感对待教育工作，不断提升教学水平，为学生成长和学校发展贡献力量。此外，党员教师还应当保持清正廉洁的品行，坚决抵制各种形式的腐败行为，树立良好的师德师风，成为学生的楷模和榜样。

在组织上，党的先进性要求党员教师严守党的组织原则，服从党的决定和安排，密切联系群众。教师党支部应当加强党员教师的组织管理和教育引导，帮助党员教师树立正确的组织观念，自觉接受党组织的领导和监督。同时，党员教师要积极参加党支部组织的各项活动，主动为学校和社会作出贡献，在教育教学改革和科研工作中发挥党员的先锋模范作用。

2. 教师队伍的思想引领

教师队伍的思想引领是教师党支部文化建设中至关重要的一环。在这个过程中，教师党支部必须以党的先进性为核心，通过多种形式和途径，引领广大教师在思想上与时俱进，树立正确的世界观、人生观和价值观，不断增强政治觉悟和党性修养，进而形成积极向上的精神风貌。

第一，党性教育是引领教师队伍思想引领的重要手段之一。通过组织开展形式多样的党性教育活动，如党课、党性分析会、党性体验活动等，使党员教师深入了解党的光辉历程、伟大精神和崇高理想，进一步坚定理想信念，增强对党的信任和忠诚。

第二，理论学习是引领教师队伍思想引领的重要途径。通过组织开展马克思主义理论学习、解读党的方针政策、分析时事热点等活动，让教师党员深入学习马克思列宁主义、毛泽东思想、邓小平理论和习近平新时代中国特色社会主义思想，不断提高政治理论水平，增强分析和解决问题的能力。

第三，宣传先进典型事迹也是引领教师队伍思想的有效方式。通过广泛宣传身边先进人物的感人事迹和先进事迹，让广大教师党员汲取先进经验，树立正确的人生观和价值观，激发教育教学的热情和动力。

（二）团结统一性

1. 团结统一的重要性

团结统一在教育工作中的重要性不容忽视。教育事业的本质决定了团结统一对于师生关系、教学质量以及学校整体发展的影响。作为教育系统中的重要一环，教师党支部必须深刻理解团结统一的重要性，并在实践中贯彻落实。

第一，团结统一是维护教育教学秩序的基础。在教育工作中，师生之间的团结统一是保障教学质量和稳定校园秩序的重要因素。只有师生团结一心、相互支持，才能有效地开展教学活动，提升学生的学习效果，维护良好的校园秩序。

第二，团结统一是推动教育事业发展的强大动力。在一个团结统一的教育团队中，教师能够共同合作、互相促进，充分发挥团队协作的优势，推动教育教学水平的不断提高。同时，团结统一也能吸引更多的优秀人才加入教育工作中，为学校的发展注入新的活力和动力。

第三，团结统一也是提升教师队伍凝聚力和向心力的有效途径。一个团结统一的教师团队能够凝聚全体教师的力量，形成集体智慧和集体力量，从而更好地应对各种挑战和困难，实现个人价值和集体目标的统一。

2. 加强党员之间的凝聚力和团队意识

在加强党员之间凝聚力与团队意识方面，应当深入思考如何通过多维度、多层次的策略，从组织文化、制度建设、个体意识等方面全面推动，以增强教师党员队伍的凝聚力，全面提升团队意识。

第一，从组织文化的角度来看，应该建立起一套贯彻执行的理念和制度，使得党员教师更加自觉地融入学校集体中。这需要学校党支部发挥引领作用，通过开展党课、主题党日等活动，引导党员教师深入了解党的方针政策、学校的发展规划，增强他们的组织认同感和使命感。同时，要注重营造积极向上、团结互助的组织氛围，鼓励党员教师发挥先锋模范作用，引领全体师生共同奋斗、共同成长。

第二，在制度建设方面，应当建立起一套完善的党建工作机制，确保党的政治优势能够转化为组织优势和工作优势。这包括建立健全党组织管理制度、明确党员教师的权利和义务、强化党内监督和组织处分机制，确保党员教师始终保持良好的政治品行和行为表现。同时，要注重加强对党员教师的培训和教育，提高其政治素养和业务水平，不断提升其履职能力和团队协作能力。

第三，从个体意识的角度来看，要注重激发党员教师的内在动力和自我价值的实现，使其在团队合作中能够找到自身的定位和价值。这就需要学校党支部关注党员教师的成长需求，通过个性化的培训和激励机制，激发其参与组织建设和学校事业发展的热情和活力。同时，要注重加强党员教师之间的沟通与交流，建立起良好的人际关系网络，形成相互信任、相互支持的团队合作氛围。

第四，要实现团结统一的目标，还需要学校党支部与其他组织之间的密切配合和协同发展。这就需要建立起跨部门、跨层级的协作机制，通过加强党支部与教师团队、家长委员会、学生会等组织之间的沟通与合作，使学校全体师生员工团结合力，共同推动学校事业不断向前发展。

（三）服务性

1. 以服务师生、服务学校为宗旨

在教师党支部文化构建中，服务性理念的核心在于以服务师生、服务学校为宗旨。这一理念的实现不仅要求党支部在组织结构和活动安排上注重服务性导向，更需要党员教师在思想观念和实际行动中践行服务宗旨。

第一，服务师生的宗旨要求党支部将教师队伍的成长与学生的发展相统一。党支部可以通过组织教研活动、提供个性化培训等方式，为教师提供更好的专业发展平台，从而提升教师的教学水平，更好地服务学生的学习需求。同时，通过志愿服务、心理辅导等形式，关注学生的身心健康，为其提供更全面的成长支持。

第二，服务学校的宗旨要求党支部积极参与学校的教育教学改革和发展建设。党支部可以组织开展课程建设、教学研讨等活动，促进教师间的交流合作，推动学校教育质量的提升。同时，党支部还可以组织开展环境卫生、校园安全等志愿服务活动，共同营造良好的学习生活环境，为学校的整体发展贡献力量。

2. 增强服务意识和责任感

要实现以服务为宗旨的目标，需要不断增强党员教师的服务意识和责任感。这一过程需要从思想教育、实践活动等方面全面推进。

第一，在思想教育上，党支部可以通过党课、主题党日等形式，传达服务宗旨的重要性，引导党员教师树立正确的服务理念和价值取向。同时，可以组织开展相关的教育实践活动，引导党员教师深入了解学生和学校的需求，增强其服务意识和责任感。

第二，在实践活动上，党支部可以组织开展志愿服务、社会实践等活动，让党员教师深入基层、深入群众，亲身体验服务的价值和意义。通过这些实践活动，党员教师可以加深对服务工作的认识和理解，形成自觉投身服务工作的自觉性和主动性。

二、文化内涵的构建路径与方法

（一）党的先进性教育

在教师党支部文化的内涵构建中，党的先进性教育是一项至关重要的内容。这一教育旨在通过系统学习党史、理论宣讲等活动，深化党员教师对党的先进性的认识，巩固和提升其党性修养，从而更好地履行教书育人的使命，为教育事业的发展贡献力量。

1. 深刻领会党的先进性的重要意义和价值

党的先进性教育旨在让党员教师深刻领会党的先进性的重要意义和价值。通过组织开展党史学习活动，让党员教师了解党的奋斗历程和光荣传统，从中汲取前人的智慧和经验，激发对党的信仰和归属感。同时，通过理论宣讲等形式，引导党员教师深入思考党的先进性对于推动社会进步、促进国家繁荣稳定的重要作用，坚定理想信念，增强政治觉悟。

2. 巩固和提升党员教师的党性修养

党的先进性教育还旨在巩固和提升党员教师的党性修养。党支部可以通过组织集体学习、个人自学等方式，加强对党的理论和路线方针政策的学习，引导党员教师牢记党的宗旨，增强党性觉悟和政治担当。同时，通过开展党性分析、自我批评等活动，帮助党员教师不断反思自己的思想言行，纠正偏差，提高政治站位，做到心中有党、行动合党。

3. 促进教育事业的发展

党的先进性教育不仅有助于提升党员教师的政治素养和党性修养，更能够促进教育事业的发展。党员教师在深刻领会党的先进性的基础上，将党的指导思想贯穿于教育教学实践中，引领学生树立正确的世界观、人生观、价值观，培养社会主义建设者和接班人，为建设社会主义现代化强国贡献智慧和力量。

（二）团结统一建设

1. 加强党员之间的沟通交流

团结统一建设的关键之一是加强党员之间的沟通交流。教师党支部应该着重营造一个积极向上、开放包容的沟通环境，通过多种形式的活动促进党员之间的相互了解和信任。

第一，开展集体学习是加强党员之间沟通交流的有效途径之一。通过定期组织党员集体学习，可以促进党员之间的思想交流和共同进步。这不仅有助于加深对党的理论知识的理解，更能够增进党员之间的感情，形成内部凝聚力。

第二，主题讨论也是加强党员之间沟通交流的重要方式。通过围绕学校教育教学改革、教师队伍建设等热点问题展开讨论，可以促进党员之间的思想碰撞和观念交流，增进彼此的理解和信任，为形成共识提供平台。

第三，定期举办党员座谈会、组织党员互访等活动也是加强党员之间沟通交流的有效手段。通过面对面的交流，可以深入了解党员的思想动态和工作情况，及时解决存在的问题。

2. 提高党组织的凝聚力和战斗力

只有党组织具备强大的凝聚力和战斗力，才能有效地凝聚和团结教师队伍，推动学校事业不断向前发展。

第一，要加强党支部组织建设，完善组织机构，明确工作职责。建立健全党支部工作制度，明确党员教师的权利和义务，提高党员参与党内事务的积极性和主动性。

第二，要加强党员教育管理，提升党员的思想政治素养和工作能力。通过开展理论学习、党性教育等活动，不断加强党员的思想政治建设，增强其党性修养，使其成为学校发展的中坚力量。

第三，要注重培养和选拔优秀党员，建立起一支忠诚、干净、担当的党员队伍。通过加强党员的培训和交流，提升其工作能力和水平，不断拓展党员的工作领域和影响力，增强党组织的战斗力和凝聚力。

（三）培养服务意识

培养服务意识是教师党支部文化建设的重要内容之一，旨在通过组织开展志愿服务和社会实践活动，培养党员教师的奉献精神和社会责任感，使其成为有益学校和社会的人才。

1. 组织开展志愿服务和社会实践活动

志愿服务和社会实践活动是培养党员教师服务意识和责任感的重要途径。通过参与志愿服务和社会实践活动，党员教师能够深入学校和社区，了解群众需求，解决实际问题，从而增强其服务意识和责任感。

第一，志愿服务和社会实践活动能让党员教师深入了解社会的多样性和复杂性，增强其对社会的责任感。通过亲身参与社区建设、环保活动等，党员教师能够感受到自己的行动对社会的影响，从而激发出更强烈的服务意识和社会责任感。

第二，志愿服务和社会实践活动也是培养党员教师奉献精神的有效途径。通过参与志愿服务活动，党员教师能够体验到奉献他人、无私帮助的快乐和满足感，从而形成积极向上的奉献精神，并将其转化为工作中的动力和信念。

2. 增强对学校和社会的认同感

参与志愿服务和社会实践活动不仅可以培养党员教师的服务意识和责任感，更能够增强其对学校和社会的认同感。这种认同感不仅是对组织的认同，更是对事业的认同，能够激发党员教师的工作热情和责任感，促进其更好地为学校的发展和教育事业的进步贡献力量。

通过参与志愿服务和社会实践活动，党员教师能够更加深入地了解学校和社会的需求，感受到自己的工作对学校和社会的重要性，从而增强对学校和社会的认同感。这种认同感将激发党员教师更加积极地投入工作，为学校的发展和教育事业的进步作出更大的贡献。

三、文化理念的传播与深化

（一）多种途径和形式

1. 党建宣传栏和党刊

党建宣传栏和党刊作为传播文化理念的重要平台，具有丰富多彩的内容展示和宣传形式。党建宣传栏通常位于学校的显眼位置，通过图片、文字等形式展示党的方针政策、优秀事迹等内容，以吸引教师的注意力，激发其学习兴趣和责任感。

在内容设计上，党建宣传栏可以结合当地的特色和学校的实际情况，精心设计图文并茂的展示内容。例如，可以通过图片展示党的历史和发展成就，通过文字介绍党的方针政策和学校党建工作的进展情况，以及通过宣传先进典型事迹激励广大教师。

党刊则是深入介绍和宣传党建工作的重要媒介，具有较强的时效性和深度性。党刊可以定期出版，报道党组织的工作动态、学习心得等内容，加强党员教师的思想政治教育，增强其对党的认同感和归属感。

在内容编辑上，党刊可以采取多种形式，包括专题报道、学习心得、理论研究等。党刊的内容应当贴近教师的实际需求，突出党建工作的重点、亮点，以及关注教育教学改革的热点问题，引导教师加强学习，增强党性修养，为学校的发展贡献力量。

2. 现代化媒体平台

随着互联网的普及，微信公众号、在线教育平台等成为传播文化理念的新渠道，具有更广泛的传播范围和更便捷的传播方式。教师党支部可以在这些平台上开设专栏或者账号，定期发布党建资讯、政策解读、先进典型事迹等内容，使党建工作更加贴近教师，更具吸引力和感染力。

在运用现代化媒体平台进行党建工作时，需要注意以下几点：首先，要注重内容质量，确保发布内容的准确性和权威性。其次，要注重互动性，鼓励教师参与讨论和交流，形成良好的互动氛围。最后，要注重创新性，不断探索适合互联网传播的新形式和新方式，提升传播效果和影响力。

（二）理论学习和业务培训

1. 专题讲座和学术讨论

组织专题讲座和学术讨论是深化文化理念的有效途径之一，能够为党员教师提供学习交流的平台，增强其对文化理念的理解和认同。

在组织专题讲座方面，教师党支部可以邀请专家学者或校内资深教授，围绕党的方针政策、教育教学改革等议题进行深入探讨。通过专家学者的讲解，党员教师能够深入了解当前教育领域的最新理论和研究成果，拓宽自己的学术视野，提高自身的理论水平。

此外，组织学术讨论也是加强党员教师学习交流的重要形式。在学术讨论中，党员教师可以分享自己的研究成果和教学经验，进行学术探讨和碰撞，从而激发出更多的思想火花，促进学术思想的交流和碰撞，增进对文化理念的理解和认同。

2. 实践教学和案例分析

除了理论学习外，教师党支部还应当注重业务培训，通过组织实践教学活动和案例分析讨论，让党员教师通过亲身参与和案例分析，更加深入地了解和领会文化理念，将其内化于心，外化于行。

在实践教学方面，教师党支部可以组织教学观摩、教学竞赛等活动，让党员教师走出课堂，走进实践，通过亲身参与和观摩，学习先进的教学方法和技巧，提升教学能力和水平。

同时，通过案例分析讨论，教师党支部可以邀请校内外专家，结合实际案例进行深入探讨和分析，引导党员教师从实际问题出发，思考解决问题的方法和策略，提升解决问题的能力和水平。

（三）文化活动和节庆

1. 文化艺术活动的组织与意义

组织书画展、诗歌朗诵会等文化艺术活动是丰富教师队伍文化生活、增强党员教师凝聚力和归属感的有效途径。这些活动既能够培养党员教师的审美情趣和人文素养，又能够加强他们之间的交流与合作，推动教师党支部文化建设向纵深发展。

第一，组织文化艺术活动能够为党员教师提供一个展示个人才华和创造力的平台。例如，书画展可以让爱好绘画和书法的教师展示自己的作品，诗歌朗诵会则可以让热爱文学的教师展示自己的诗歌作品或朗诵技艺。这不仅能够激发党员教师的创作热情，还可以增进他们之间的艺术交流与分享。

第二，文化艺术活动能够促进党员教师之间的情感交流和团队合作。通过参与文化艺术活动，党员教师可以加深彼此之间的情感联系，增进相互之间的了解和信任。例如，在书画展或诗歌朗诵会上，党员教师可以欣赏彼此的作品，互相交流创作心得，从而增进团队凝聚力和协作精神。

第三，组织文化艺术活动还有利于传承和弘扬优秀的文化传统。通过举办各种文化艺术活动，可以让党员教师更加深入地了解和体验中国传统文化的魅力，增强对优秀传统文化的认同感和自豪感。例如，通过举办中国书法展或古诗词朗诵会，可以让党员教师更加深入地感受中国传统文化的内涵与魅力，从而促进其对传统文化的传承和发展。

2. 书画展与诗歌朗诵会的意义

以书画展和诗歌朗诵会为例，这些文化艺术活动不仅为党员教师提供了展示个人才华和创造力的平台，同时也加强了教师之间的情感交流和团队合作。

在书画展方面，党员教师们可以展示自己的绘画和书法作品，通过作品的展示和交流，增进彼此之间的了解和友谊。例如，在一次书画展上，教师们可以就各自的作品进行解读和交流，分享创作的心得和感悟，从而促进了艺术创作的交流与分享。

在诗歌朗诵会方面，党员教师可以展示自己的诗歌作品或朗诵技艺，通过诗歌的朗诵和分享，表达内心的情感和思想。例如，在一次诗歌朗诵会上，教师们可以朗诵自己的诗作，或者选择优秀的诗歌进行朗诵，通过诗歌的表达，增进了彼此之间的情感交流和艺术共鸣。

第二节　文化传承与弘扬

一、教师党支部文化的传承与弘扬

（一）历史文化的传承

1. 党支部历史文化资源的挖掘

（1）整理党支部发展历程

党支部发展历程是党支部历史文化的重要组成部分，通过梳理党支部成立的背景、发展的阶段性特点、重要事件等，可以让党员教师深入了解党支部的发展脉络，感悟党支部的光荣历程，增强对党的认同感和归属感。可采取档案查阅、资料整理等方式，将党支部的发展历程进行系统性整理和归纳。

（2）梳理荣誉记录

党支部在长期的工作实践中积累了丰富的荣誉和成绩，这些荣誉记录既是对党支部工作的肯定，也让党员教师骄傲和自豪。可以通过查阅文件资料、采访老党员等方式，梳理整理党支部所获得的各类荣誉称号，如先进集体、优秀个人等，形成荣誉榜或荣誉墙，以展示党支部的荣誉历程和成就。

（3）挖掘优秀党员的事迹

优秀党员的事迹是党支部历史文化的生动表现，通过宣传和弘扬优秀党员的典型事迹，可以激励广大党员教师向优秀党员学习，传承和发扬党的优良传统和作风。可以通过征集故事、召开座谈会、制作宣传片等形式，挖掘和宣传优秀党员的先进事迹，引导党员教师向优秀党员学习，践行党的光荣传统。

2. 增强党员教师的历史文化修养

（1）组织党史学习活动

党史学习是增强党员教师历史文化修养的重要途径之一。通过开展党史学习活动，可以让党员教师系统地学习党史，深入了解党的光荣传统和丰功伟绩。可以结合党史教育资源，组织开展党史知识竞赛、主题讲座、读书分享等活动，引导党员教师深入学习党史知识，增强其历史文化修养。

（2）观摩党史展览

党史展览是一种直观形式的党史教育，通过观摩党史展览，可以让党员教师身临其境地感受党的光辉历程和丰功伟绩，增强其历史文化修养。可以组织党员教师前往党史馆、纪念馆等地参观，也可以在校内组织举办党史主题展览，让党员教师通过视觉和实物感受党的历史文化。

（3）开展党史主题研讨

党史主题研讨是一种深度挖掘和交流党史知识的形式，通过开展党史主题研讨，可以让党员教师深入探讨党史中的重大事件、重要人物、重要思想等，增强对党史知识的理解和把握。可以组织开展党史主题讲座、座谈会、研讨班等活动，让党员教师在交流互动中深入学习党史知识，增强其历史文化修养。

（二）制度文化的弘扬

1. 建立健全党支部的制度机制

（1）制定党支部章程和工作细则

党支部章程是党支部的基本组织制度，工作细则则是对章程的具体细化和落实。党支部应根据学校实际情况，制定党支部章程和工作细则，明确党支部的组织架构、职责权限、党内生活、党务工作等内容，为党支部的正常运转提供制度保障。

（2）建立健全党支部议事决策机制

党支部应建立健全议事决策机制，明确党内事务的决策程序和规范，保证党支部的民主集中制原则得到有效贯彻。可以通过召开党支部会议、党员大会等形式，就重要事项进行讨论和决策，确保党内事务的民主性和科学性。

（3）加强党支部财务管理制度建设

党支部应建立健全财务管理制度，规范党支部经费的收支管理，确保党费使用合法合规。可以制定党费收缴管理办法、财务报销制度等文件，明确党费使用范围和程序，加强党费使用的监督和审计，保证党支部财务管理的透明度和规范化。

2. 规范党内生活和党务工作

（1）加强组织建设，提高党员素质

党内生活是党员学习、交流、讨论、思考和反思的重要平台，加强党内生活的规范化建设，可以提高党员的思想政治素养和组织观念。可以组织开展主题党日活动、党课学习、党员互动交流等形式，引导党员积极参与党内生活，增强党员的凝聚力和向心力。

（2）加强党员教育管理，增强党员责任意识

党务工作是党支部的重要工作内容之一，加强党务工作的规范化管理，可以增强党员的责任意识和组织纪律。可以通过加强党员教育管理，开展党性教育、纪律教育、廉洁教育等活动，引导党员自觉遵守党纪党规，增强党员的政治自觉和组织观念。

（3）建立健全考核评价机制，激励党员发展

党支部应建立健全的考核评价机制，对党员的党性修养、工作业绩等进行定期考核评价，及时发现和表彰先进典型，激励党员发展。可以制定党员考核评价办法，明确考核指标和评价标准，建立健全考核记录和档案，为党员的发展提供有力保障。

（三）精神文化的培育

1. 开展思想政治教育

（1）举办主题党日活动

主题党日是加强党员教育管理的重要形式，通过每月一次的主题党日活动，可以集中开展思想政治教育，引导党员教师深入学习党的理论和政策，增强政治觉悟和党性修养。可以结合学校实际，选择热点问题或重大主题，开展党课学习、座谈交流等活动，引导党员教师深入思考，提升其思想境界。

（2）举办党课讲座

党课讲座是加强党员教育的重要形式之一。通过邀请专家学者或党内干部开展党课讲座，可以向党员教师传达党的政策理论和精神文化，激发党员教师的学习热情和创造力。可以结合学校实际和党员教师的需求，选择党史或党的路线方针政策等内容，开展形式多样、内容丰富的党课讲座。

（3）组织政治理论学习

政治理论学习是提高党员教师政治觉悟和理论素养的重要途径，通过组织开展政治理论学习，可以增强党员教师的思想品德和理论水平。可以选择党的基本理论、时事政治等内容，采取集中学习、个人自学、小组讨论等形式，引导党员教师深入学习，提高其政治理论水平。

2. 弘扬社会主义核心价值观

（1）开展主题教育

主题教育是弘扬社会主义核心价值观的重要形式之一。通过开展主题教育，可以向党员教师传递社会主义核心价值观的思想理念和价值观念，引导党员教师积极践行社会主义核心价值观。可以选择爱国、敬业、诚信、友善等主题，开展形式多样、内容丰富的主题教育。

（2）举办文化讲座

文化讲座是加强文化传承和弘扬社会主义核心价值观的重要形式之一。通过邀请文化名家或专家学者开展文化讲座，可以向党员教师传达正能量的文化理念和精神内涵，引导党员教师树立正确的人生观和价值观。可以选择传统文化、现代文明、时代精神等内容，举办文化讲座，推动社会主义核心价值观的传播和弘扬。

（3）组织志愿服务活动

志愿服务活动是践行社会主义核心价值观的重要途径之一。通过组织党员教师参加志愿服务活动，可以增强党员教师的社会责任感和奉献精神，推动社会主义核心价值观的实践和传播。可以选择关爱留守儿童、义务助学、环境保护等志愿服务项目，组织党员教师积极参与，以实际行动践行社会主义核心价值观。

二、党员教师的文化素养提升与传统文化传承

（一）文化素养的提升

1. 普及文化知识

（1）组织文化知识普及教育活动

教师党支部可以积极组织文化知识普及教育活动，例如，开展文化常识竞赛、文化知识讲座等活动。这些活动可以覆盖历史文化、艺术文化、传统文化等多个领域，为党员教师提供全方位的学习机会，提高其文化素养和综合素质。

（2）举办文化常识竞赛

文化常识竞赛是一种生动有趣的方式，可以调动党员教师学习文化知识的积极性。通过举办文化常识竞赛，可以激发党员教师的学习热情，增强其对文化知识的兴趣和了解。竞赛的题目可以涵盖历史、文学、艺术、地理等多个方面，让党员教师在竞争中学习进步。

（3）开展文化知识讲座

文化知识讲座是另一种有效地普及文化知识的方式，可以邀请专家学者或相关领域的专业人士来校园内进行讲解。讲座内容可以包括历史人物、文学名著、艺术欣赏等方面的知识，为党员教师提供系统全面的学习机会。

2. 培训文化技能

（1）组织传统文化技能培训班

传统文化技能培训班是提升党员教师文化素养的重要途径之一。通过组织书法、绘画、诗歌等传统文化技能培训班，可以帮助党员教师掌握传统文化的精髓，提升其文化艺术水平。这些培训班可以由学校内部或外部的专业人士进行指导，内容涵盖基础知识和实践技能。

（2）举办文学创作工作坊

文学创作是一种能够丰富个人文化生活的活动，教师党支部可以组织文学创作工作坊，引导党员教师进行文学创作。这些工作坊可以包括小说、散文、诗歌等不同形式的文学创作，通过专业作家或文学老师的指导，帮助党员教师提升文学素养，丰富个人文化生活。

（3）举办艺术表演培训课程

艺术表演是一种能够提升文化素养和艺术修养的活动，教师党支部可以组织艺术表演培训课程。这些培训课程可以包括声乐、舞蹈、戏剧等多种艺术形式，通过专业老师或艺术家的指导，帮助党员教师掌握艺术表演的基本技能和表达方法，提升其艺术修养。

（二）传统文化的传承与弘扬

1. 组织传统文化活动

（1）举办书法比赛

书法比赛不仅是一项具有艺术性和竞技性的活动，更是一次深入了解和感悟传统文化的机会。

第一，在书法比赛的组织过程中，应该注重挖掘和传承书法艺术的深厚历史底蕴。书法源远流长，历经千年沉淀，承载了中国几千年的文明与智慧。因此，在比赛的筹备阶段，可以通过举办书法讲座或展览等形式，向参赛者普及书法的起源、发展历程、艺术特点等知识，引导党员教师深入了解书法艺术的丰富内涵，增强其对传统文化的认同感和热爱度。

第二，书法比赛应该体现多样性和包容性。书法艺术的魅力在于其丰富多样的表现形式和风格，因此在比赛的规划中，可以设置不同题材和风格的比赛项目，如楷书、行书、草书、隶书等，让参赛者有更多的选择空间，展现个性化的艺术风采。同时，可以设置个人赛和团体赛，既可以展现个人书法水平，也可以促进团队合作和交流，丰富比赛的形式和内涵。

第三，在书法比赛中，应该注重艺术性和专业性的统一。书法作品不仅是文字的书写，更是一种艺术的表达和情感的传递。因此，在比赛评选过程中，除了注重技法的规范和文字的工整外，还应该注重作品的艺术感染力和审美价值。评委可以从字体的气势、笔墨的流畅、结构的稳健等方面进行评判，综合考量作品的整体艺术效果，确保比赛结果公正客观。

第四，书法比赛不仅是一次展示才华的机会，更是一次学习交流的平台。在比赛结束后，可以举办书法作品展览或交流活动，让参赛者与观众进行艺术交流和心得分享，促进书法艺术的传承和交流，激发更多党员教师对传统文化的热爱度和参与度。

（2）组织绘画展览

绘画艺术作为中国传统文化的重要组成部分，承载着丰富的文化内涵和艺术魅力，对于教师党支部而言，组织绘画展览不仅是一次艺术盛会，更是传播传统文化的有效途径，具有重要的教育和文化意义。

第一，绘画展览应该注重传统文化的传承与创新。在展览的策划与组织过程中，可以结合中国传统绘画的经典之作，如山水画、花鸟画、人物画等，展示传统绘画艺术的独特魅力和审美特点。同时，也可以给予现代绘画艺术更多的展示空间，如油画、水彩画等，将传统与现代相结合，展现绘画艺术的时代气息和创新魅力。

第二，绘画展览应该注重展览内容的多样性和丰富性。在选择展品的过程中，可以涵盖不同类型和风格的作品，如传统中国画、水墨画、油画等，以及抽象、写实、装饰等不同风格的作品，丰富展览的内容和形式，满足不同观众的审美需求，引导党员教师深入了解和欣赏传统绘画艺术的多样性和丰富性。

第三，绘画展览应该注重将艺术与教育相结合。除了展示作品本身的艺术价值外，还可以通过解说、讲座或召开研讨会等形式，向观众介绍绘画作品的艺术背景、艺术技法、艺术家生平等相关知识，加深观众对绘画艺术的理解和认知，提升其艺术鉴赏能力和审美水平。

第四，绘画展览应该注重艺术与社会的互动与交流。可以邀请艺术家、学者、评论家等专业人士参与展览活动，进行艺术交流和互动，为观众提供更加丰富和深入的文化体验。同时，也可以通过组织公益活动、义卖等形式，将展览与社会公益事业相结合，扩大展览的社会影响力和文化影响力。

（3）举办诗歌朗诵会

诗歌朗诵会作为一种传统文学艺术活动，在当今时代仍然具有重要的意义和价值。这种形式的活动不仅可以激发党员教师对传统文学的热爱和兴趣，还能够提升其文学修养和审美情趣，从而深化对中华传统文化的认知与理解。

第一，诗歌朗诵会的策划与组织应该注重经典与现代的结合。传统诗歌是中国文学的瑰宝，而现代诗歌则是时代精神的折射。因此，在朗诵会中，可以选择既有传统底蕴又具有时代特色的经典诗歌作品，如唐诗宋词、古体诗、近现代诗歌等，使参与者能够感受到传统与现代的交融之美，增强对中华文学的认同感和归属感。

第二，诗歌朗诵会的成功举办需要注重声情并茂的表达。诗歌的美在于语言的凝练与意境的深远，而朗诵的艺术则在于情感的传递与声音的表达。因此，参与者在朗诵时，应该注重语调的抑扬顿挫、情感的真挚表达，使诗歌的内涵与意境得以充分展现，让观众得以感受到诗歌的魅力与力量。

第三，诗歌朗诵会的成功举办还需要注重活动形式的多样性与创新性。除了传统的朗诵形式外，还可以结合音乐、舞蹈、戏曲等艺术形式，进行跨界融合，增加活动的艺术性和趣味性，吸引更多的参与者和观众，提升活动的影响力和感染力。

第四，诗歌朗诵会的举办还应该注重文学与教育的结合。在朗诵会结束后，可以组织相关的讲座、讨论或分享活动，深入探讨诗歌作品的内涵与意义，促进参与者对文学艺术的深度了解与沟通，推动中华传统文化的传承与弘扬。

2. 弘扬中华优秀传统文化

（1）举办中国传统节日活动

举办中国传统节日活动是一种重要的文化传承和民族团结的方式。中国传统节日承载着丰富的历史文化内涵和民族精神，通过举办相应的庆祝活动，可以让党员教师深入感受传统文化的魅力，增强对中华优秀传统文化的认同感和归属感。

第一，春节作为中国传统节日中最具代表性和影响力的节日之一，是家庭团聚、欢乐祥和的象征。在春节期间，党员教师可以组织各种形式的庆祝活动，如舞龙舞狮、耍花灯、放鞭炮等，让参与者感受到浓厚的节日氛围，增进家庭和社区的凝聚力和向心力。

第二，端午节作为中国传统文化的重要组成部分，既是纪念屈原的节日，也是民间龙舟竞渡的传统节日。在端午节期间，党员教师可以组织龙舟比赛、包粽子比赛等活动，让参与者感受到传统文化的独特魅力，加深对端午节文化传统的了解和认同。

第三，中秋节是中国重要的传统节日之一，是家庭团圆、赏月祭月的日子。在中秋节期间，党员教师可以组织赏月、品尝月饼、进行文艺表演等活动，让参与者感受到节日的欢乐和温馨，弘扬中华传统文化的家庭和睦之风。

除了这些主要传统节日外，还可以结合其他传统节日或习俗，如清明节的祭扫、重阳节的登高祈福等，丰富节日活动的内容和形式，让党员教师全面感受和体验中华传统文化的博大精深。在举办传统节日活动时，党员教师应该注重活动的文化内涵和教育意义，通过讲解传统节日的来历和意义，引导参与者深入了解传统文化的精髓，增强文化自信心和民族凝聚力。同时，也要注意活动的丰富性和趣味性，增加参与者的互动和参与度，使活动更具吸引力和感染力。

（2）组织传统文化讲座

组织传统文化讲座是提升党员教师文化素养和传承传统文化的重要途径。这种形式的活动不仅可以向党员教师传播传统文化知识和精神，还可以通过专家学者或文化名人的讲解，深入解读中国古代文化、儒家思想、道家理论等方面的内容，使党员教师深刻理解中华优秀传统文化的内涵和精髓。

第一，传统文化讲座的策划与组织应当注重内容的丰富性与深度。可以邀请权威性和专业性的专家学者，结合自身研究领域和学术成果，深入解读中国古代文化的渊源、传承和发展，介绍儒家思想、道家理论等古代文化经典，让党员教师从理论上深入了解传统文化的内涵和精髓，增强对传统文化的认同感和归属感。

第二，传统文化讲座的成功举办需要注重形式的生动与互动。专家学者或文化名人的讲解应当生动形象、通俗易懂，注重案例分析和故事讲述，使党员教师能够轻松愉快地学习和领悟传统文化的精髓。同时，也可以设置互动环节，让听众与讲者进行交流和讨论，增强学习的参与性和互动性，使活动更加生动有趣。

第三，传统文化讲座的举办还需要注重与学校教育教学工作的结合。可以将传统文化知识与课堂教学内容相结合，设置专题讲座或研讨会，让专家学者与教师共同探讨如何将传统文化融入教学实践中，提升课堂教学的深度和广度，培养学生的文化素养和人文情怀。

第四，传统文化讲座的举办还需要注重效果的评估与反馈。可以通过听众问卷调查、专家评审等方式，收集听众对讲座内容和形式的反馈意见，及时总结经验，不断改进和提升讲座的质量和效果，使之更好地为党员教师的文化素养提升和传统文化传承发挥作用。

（3）推动传统文化教育课程

通过将传统文化教育融入学校的教学内容和课程体系中，可以为党员教师提供系统学习和研究传统文化的平台，从而加深对传统文化的理解和认同。

第一，传统文化教育课程的开设应当注重内容的丰富性与系统性。可以设制中国传统文化、中国古代文学、中国古代历史等相关课程，涵盖传统文化的各个方面，如思想、艺术、历史、哲学等，从多个维度深入探讨传统文化的内涵和特点，使党员教师能够全面、系统地了解传统文化的精髓。

第二，传统文化教育课程的教学方法应当注重启发式和体验式教学。可以采用讲授、讨论、案例分析、实践体验等多种教学方法，引导党员教师主动参与学习和思考，通过互动与交流，深入理解传统文化的内涵和价值，增强文化自信心和认同感。

第三，传统文化教育课程的教学内容应当注重与时代和实践相结合。在传统文化教育课程中，可以结合当代社会发展和教育需求，引导党员教师思考传统文化在当代社会的意义和价值，探讨传统文化与现代文明的融合与发展，培养党员教师积极传承和弘扬传统文化的责任感和使命感。

第四，传统文化教育课程的开设还应当注重评估和反馈机制的建立。可以通过课程评估、学生反馈、教师评审等方式，及时收集课程效果和教学反馈意见，不断改进和优化课程内容和教学方法，确保传统文化教育课程能够有效地提升党员教师的传统文化意识和文化素养。

四、党支部标准化建设与品牌打造

（一）“五位一体”推进党支部标准化、规范化建设实践

1. 优化设计强保障

推动党支部标准化、规范化建设，必须做好顶层设计。校党委要将党支部建设摆在党建工作的重点位置，建立定期研究机制，科学统筹党建工作与业务工作、长远发展规划与近期工作重点等因素，及时优化调整党支部设置。要大力实施党支部书记建设工程，为教师党支部配齐配强“双带头人”党支部书

记，遴选党性强、业务精、有威信、肯奉献的青年党员任学生党支部书记，通过发挥党支部书记“领头雁”作用的发挥，影响带动广大党员积极参与党支部各项工作，不断提高党支部建设水平。要针对党员发展、党组织换届选举、“三会一课”、党费收缴使用管理等共性工作统一设计制作《党支部标准化规范化建设实践手册》，为党支部建设提供标准统一、流程统一、制式统一、要求统一的实践指导。

2.“五级联动”聚合力

坚持上下联动，构建校党委统一领导、校领导班子成员分管负责、职能部门各司其职、党总支督促指导、党支部贯彻落实“五级联动”工作机制，凝聚党支部标准化、规范化建设合力。校党委要充分发挥领导作用，科学谋划年度党建工作，制定年度工作要点，召开党建工作会议，把好党支部建设政治方向和工作节奏。校党委领导班子成员要严格落实“一岗双责”责任、党建工作联系点和双重组织生活制度，加强对所联系党支部和分管部门党建工作的指导与帮助，充分发挥表率作用，大力推动党支部标准化、规范化建设工作。校党委各职能部门要立足部门职责、创新思路方法，组织实施多种形式的建设活动，通过具体的任务和活动推动党支部建设标准落地见效。党总支要强化政治功能、履行政治责任、建立健全党支部书记工作例会等制度，具体指导党支部开展工作，督促党支部落实上级党组织的要求与安排。党支部作为建设主体，要根据校党委安排部署和各职能部门活动安排，建立相应的工作计划、任务清单、问题清单，将党支部建设工作细化，明确任务分工，责任落实到人，把好时间节点，将党支部标准化规范化建设工作落到实处。

3. 加强管理夯基础

要加强对党支部建设的日常管理，严格落实“三会一课”、主题党日活动、组织生活会、谈心谈话、民主评议党员、请示报告等党建工作制度。要创新方法举措，开展主题鲜明、内容丰富、形式新颖、吸引力强的党建活动，将广大党员牢牢凝聚在党组织周围，不断增强党支部的组织力、凝聚力、战斗力。要规范党支部建立台账资料管理，按照分类清晰、利于存放、方便查阅的原则，建立健全“三本六台账”。“三本”包括：会议记录本、理论学习记录本、组织生活记录本；“六台账”包括：党建工作台账、党组织任期换届台账、发展党员台账、党员教育管理台账、党员活动台账、考核奖惩台账。通过台账的规范管理，进一步提高党支部标准化规范化水平。

4. 监督考核压责任

《中国共产党党内监督条例》规定："信任不能代替监督。各级党组织应当把信任激励同严格监督结合起来。"抓好党支部标准化、规范化建设，必须加强监督，压实管党治党、全面从严治党主体责任。要根据《中国共产党党内监督条例》等有关规定积极构建完善的党内监督工作机制，对党支部建设工作开展全方位、无死角、常态化的监督。要结合"不忘初心、牢记使命"主题教育、党史学习教育等专项活动开展集中督导，督促党支部将党中央及上级党组织的决策部署不折不扣地落实到工作当中。要将党支部标准化、规范化建设情况纳入党支部书记抓基层党建述职评议范围，通过评议考核检验党支部标准化、规范化建设成效，交流建设经验，压实工作责任。要有效运用巡视巡察这把利剑，在上级党组织的指导下组织开展校内巡察，对党支部加强党的思想政治建设、严肃"三会一课"等党内组织生活、落实"立德树人"根本任务等情况进行全面、系统、深入、细致地检查，为党支部标准化、规范化建设"把脉问诊""对症开方"，通过问题整改进一步提高党支部建设水平。

（二）以"双创"为驱动，打造党支部建设品牌

1. 以"创建样板党支部"为驱动，打造党支部思政育人品牌

以"打造党支部思政育人品牌"为目标，以"创建样板党支部"为动力，推进党支部政治功能的强化，全面贯彻党的教育方针，为培养全面发展的社会主义建设者和接班人提供有力支持。在此背景下，组织开展了"样板党支部"创建活动，以激励党支部建设与教育教学、学生思想政治教育等工作的有机融合，探索创新做法，提升思政育人水平，以此提高人才培养质量。在河南交通职业技术学院汽车学院学生第三党支部，针对不同年级学生特点和培养目标，积极探索"培养人 + 学生党员 + 发展对象 + 入党积极分子 + 帮扶学生"五方联动模式，构建了三级"1+1"梯队式学生党员培养模式。在学生培养工作的中心地位下，政治辅导员和专业课教师发挥重要作用，与学校、企业、家长形成"1+2+3"学生融合培养模式，致力打造"红色方向盘"党支部品牌。而河南交通职业技术学院建筑工程系教工党支部，则以教工党员"四岗联动"为核

心，以教师、学生共同成长为支柱，以思想引领、专业教学、技能竞赛、就业指导为路径，旨在培养符合时代要求的新一代人才，探索形成了“4241”思政育人工作品牌，助力全面培养时代新人。

2. 以“创建星级党支部”为驱动，打造党支部建设示范品牌

以“推动星级党支部建设”为主线，促进党支部建设示范品牌的塑造。充分考虑党建活动的数量和质量，注重实际效果，积极探索党支部建设的量化评估和积分考核机制，积极推动“五星党支部”建设。根据学校党建和教育发展的需求，不断完善基层组织，提升支部班子的凝聚力和战斗力。同时，切实解决党建工作与业务工作“两张皮”问题，增强政治功能的实际效果。持续加强党员干部的教育培训和作风建设，引导党员积极投身“双一流”“双高校”建设、疫情防控和抢险救灾等紧迫任务中，突出党支部的战斗堡垒和党员的先锋模范作用。通过举办“五比一争”、逐支部观摩、大练兵大比武等活动，充分发挥活动的推动作用，提升党支部的品牌建设能力。同时，充分发挥“五星党支部”的示范引领作用，广泛宣传和推广先进经验和典型做法，以点带面，示范带动，全面提高高校基层党组织建设水平。

第三节 文化氛围与凝聚力培育

一、校园文化氛围的营造与引导

（一）文化活动的策划与组织

1. 主题讲座多样化

（1）学科交叉与前沿科技

主题讲座不仅可以涵盖传统的文化和社会科学领域，还可以拓展到前沿科技领域。例如，邀请知名科学家或工程师介绍人工智能、生物技术等领域的最新进展，探讨其对未来社会发展的影响和挑战。

（2）社会热点与公共议题

针对当代社会的热点问题，组织主题讲座可以帮助师生了解社会动态、热

点事件，并就相关议题展开深入讨论。例如，就环境保护、性别平等、社会公义等议题邀请专家学者进行解读和分析，引导师生关注社会问题，积极参与社会实践。

（3）创意文化与艺术产业

通过举办创意文化产业论坛等活动，鼓励师生探讨文化创意产业的发展趋势、创新模式和未来发展方向。可以邀请文化创意产业的从业者、专家学者分享经验，启发师生的创意思维和创业激情，促进学校文化艺术教育与实践的深度融合。

2. 文艺演出精彩纷呈

在校园文化建设中，文艺演出是一种重要的表现形式，可以为师生提供展示才华、享受艺术的平台，同时也是丰富校园文化生活的重要组成部分。除了传统的音乐会、舞蹈表演和话剧演出外，学校可以通过以下方式组织多样化的文艺活动，提升演出的精彩程度。

（1）音乐会与乐团演奏

除了传统的音乐会，学校可以成立自己的校园乐团，通过举办演奏会等活动，展示学生们的音乐才华。乐团可以演奏各种类型的音乐，如古典音乐、流行音乐、民族音乐等，吸引不同观众，丰富演出内容。

（2）舞蹈表演与舞蹈比赛

学校可以组织各种风格的舞蹈表演，包括现代舞、民族舞、街舞等，展示学生们的舞蹈技巧和艺术表现力。同时，可以举办舞蹈比赛，激发学生们的创作激情，提升他们的舞蹈水平，为校园文化活动增添亮点。

（3）话剧演出与戏剧节目

通过组织话剧演出和戏剧节目，可以培养学生们的表演能力和团队合作精神，展示他们的演技和创意。可以选择经典剧目或自编自演的作品，通过戏剧表演展现学生们的艺术潜力和个性魅力。

3. 文化沙龙交流互动

文化沙龙作为一种交流和学习的平台，在校园文化建设中具有重要的作用。通过组织文化沙龙活动，学校可以为师生提供一个自由、开放的思想交流场所，促进文化素养的提升和知识的传播。以下是文化沙龙的一些重要特点和作用。

（1）专家学者讲解与交流互动

在文化沙龙中，学校可以邀请相关领域的专家学者来进行讲解和交流。这些专家学者可以分享自己的研究成果、学术观点和见解，引领师生深入探讨和思考文化问题。例如，可以邀请文学、艺术、历史、哲学等领域的专家，就不同的文化主题展开讲解和交流。

（2）小组讨论与互动环节

在文化沙龙中，可以设置小组讨论和互动环节，让师生就特定的文化主题展开深入的讨论和交流。通过小组讨论，可以促进师生之间的思想碰撞和观点交流，拓宽大家的视野，激发学习兴趣和创新能力。例如，可以就传统文化、当代文化、跨文化交流等话题展开小组讨论，让师生从不同角度思考和理解文化现象。

（3）知识分享与学习提升

文化沙龙是一个学习和分享的平台，通过参与文化沙龙活动，师生可以获取新知识、拓展思路，提升自己的文化素养和学术能力。在文化沙龙中，大家可以分享自己的研究成果、学习心得和体会，相互启发、相互学习，共同进步。例如，一些学生可以分享他们的文化研究成果，一些教师可以分享他们的文化教学经验，从而实现知识的互补和交流。

（二）文化资源的整合与利用

1. 艺术设施优化利用

第一，学校可以考虑打造专门的艺术创作和展示场所，如美术馆、艺术工作室等，为师生提供一个良好的展示和创作平台。这些场所不仅可以展示学生和教师的艺术作品，还可以举办各种艺术讲座、工作坊等活动，丰富校园文化生活，激发师生们的艺术创作热情和兴趣。

第二，学校还可以考虑搭建临时的展览馆或艺术展示空间，定期举办各类艺术展览活动。这些展览可以展示学生和教师的优秀艺术作品，如绘画作品、雕塑作品、摄影作品等，也可以邀请外部艺术家或机构来展示其作品。通过举办艺术展览，学校可以吸引更多的师生参观和欣赏，提升校园文化氛围，促进师生之间的艺术交流与合作。

第三，学校还可以利用现有的多媒体设备和场地资源，举办各种文化艺术活动，如音乐会、舞蹈表演、戏剧演出等。这些活动不仅可以展示师生的艺术才华，还可以丰富校园文化生活，提升师生的审美情趣和艺术修养。通过优化利用艺术设施，学校可以为师生提供更加丰富多彩的艺术体验，助力校园文化建设的深入发展。

2. 多元化合作渠道

为了不断丰富校园文化资源，学校应积极与外部文化机构、艺术团体等建立多元化的合作渠道，以拓展文化资源的来源和渠道。通过与外部文化机构的紧密合作，学校可以引进更多优质的文化资源，丰富校园文化生活，激发师生的艺术创作灵感和欣赏水平。例如，学校可以与当地美术馆、艺术中心、文化协会等建立合作关系，共同举办联合展览、文化交流活动等，通过文化资源的共享与交流，推动校园文化建设的不断深入。

此外，学校还可以与艺术团体合作，举办丰富多彩的文化演出活动，如音乐会、舞蹈表演等。通过与专业艺术团体合作，可以提升校园文化活动的品质和水平，丰富师生的文化生活体验，促进校园文化建设的全面发展。这种多元化的合作渠道不仅能够丰富校园文化资源，还能够促进校内外文化的交流与融合，为师生提供更广阔的艺术视野和文化体验，推动校园文化建设迈上新的台阶。

3. 文化资源创新利用

在充分利用文化资源的过程中，学校应不断进行创新和尝试，以提升文化活动的吸引力和影响力。首先，可以开展跨学科的文化活动，将艺术与科技相结合、文化与商业相融合，探索文化资源在不同领域的应用。通过跨学科的合作与交流，可以拓展文化活动的领域和形式，激发师生的创造力和想象力，使文化活动更具吸引力和创新性。

其次，可以借助现代科技手段，如虚拟现实技术、数字艺术等，创新文化活动的形式，提升参与者的体验感和参与度。例如，利用虚拟现实技术可以打造虚拟展览馆，让师生在虚拟环境中欣赏艺术作品，从而突破传统文化活动的时空限制，拓展校园文化活动的边界和可能性。通过引入现代科技手段，可以使文化活动更具互动性和趣味性，吸引更多师生参与其中，推动校园文化活动的全面发展。

此外，还可以通过创新的方式进行文化资源的利用。例如，开展艺术创作比赛、文化创意设计大赛等活动，鼓励师生发挥创造力和想象力，创作出更多具有艺术价值和文化内涵的作品。通过这些创新性的活动，可以激发师生的文化参与热情，丰富校园文化资源，推动校园文化建设迈向新的高度。

二、党支部文化对教师团队凝聚力的影响

（一）党员教师的凝聚力与向心力

1. 加强组织生活

党支部通过加强组织生活，能够有效促进党员教师之间的交流与互动，进而增强团队的凝聚力和向心力。定期组织党员教师参加党内组织生活，如党员大会、支部会议等，为党员教师提供了一个共同交流、学习和分享的平台。在这些组织生活中，党员教师可以就学校发展、教育教学改革等重要事务展开深入讨论，共同探讨解决问题的有效途径，增进了解和信任。

第一，定期召开党员大会是加强组织生活的重要方式之一。党员大会是党支部最高的决策机构，汇聚了全体党员的智慧和力量。通过党员大会，党员教师可以了解学校的发展方向和重点任务，共同商讨党建工作和教育教学改革的具体措施，为学校的发展贡献智慧和力量。

第二，定期召开支部会议也是加强组织生活的重要环节。支部会议是党支部讨论问题、研究决策的主要场所，是组织生活的重要载体。在支部会议上，党员教师可以就学校工作中的具体问题展开深入交流和讨论，凝聚共识、形成合力，推动学校各项工作取得更好的成效。

第三，组织生活还可以包括党员教师之间的集体学习和交流活动。通过组织集体学习，可以加强党员教师的理论修养和业务水平，提升他们的综合素质和能力。同时，组织交流活动可以促进党员教师之间的情感交流和团队凝聚力，增强大家的归属感和认同感，营造团结奋进的良好氛围。

2. 开展集体学习

党支部通过组织党员教师开展集体学习活动，可以有效提升教师队伍的整体素质和凝聚力，促进教育教学水平的不断提升。集体学习是一种系统性、

集中性的学习方式，旨在通过集体研讨、交流、分享经验，达到共同提高的目的。

集体学习活动可以围绕党的理论知识、教育教学经验等方面展开。首先，可以通过学习党的理论知识，如党的基本路线、十九大报告等，增强党员教师的思想认同，引导他们牢记党的宗旨，增强党性修养。其次，可以结合教育教学实践，学习教育教学理论和方法，分享成功的教学经验和案例，探讨解决教育教学中遇到的实际问题，提升教师的专业水平和教育教学质量。

在集体学习活动中，党员教师可以通过讨论、研讨、分享等形式，相互学习、相互借鉴，不断提高自身的理论水平和实践能力。通过与他人的交流互动，可以拓宽自己的思维，开阔视野，提升综合素质。同时，集体学习还可以促进教师之间的交流与合作，增进彼此的了解和信任，营造良好的协作氛围，有利于团队凝聚力和向心力的形成。

3. 促进交流与沟通

党支部组织党员教师开展交流与沟通活动，是促进教师队伍凝聚力和向心力形成的重要举措。这些活动包括座谈会、讨论会等形式，旨在为教师营造一个开放、包容的交流氛围，让他们可以自由地畅谈、分享、交流，并从中获得启发和帮助。

第一，通过座谈会等形式的交流活动，党员教师可以分享自己的教育教学经验、心得体会以及在教学实践中遇到的问题和挑战。这种经验分享可以让其他教师借鉴他人的成功经验，避免在教学过程中犯相同的错误，提升教师队伍的教学水平。

第二，交流与沟通活动还可以促进教师之间的相互理解和信任。在交流过程中，教师可以更多地了解彼此的教学理念、教育观念和工作方式，从而增进彼此的尊重和信任。这种信任感和团队精神的建立，有助于凝聚教师队伍，形成共同的教育目标和价值追求。

第三，交流与沟通活动也可以为学校的教育教学改革提供重要的参考和支持。通过了解教师的意见和建议，学校领导可以及时调整教学方针和政策，更好地满足教师和学生的需求，推动学校的发展和进步。

（二）党支部的引领与服务

1. 理论学习与业务培训

党支部组织党员教师参加党的理论学习和业务培训是一项重要举措，旨在提升教师队伍的思想政治素养和教育教学水平。这种学习和培训不仅有助于个人成长，也对整个教师队伍的发展起到积极的推动作用。

一方面，党的理论学习是党员教师提升思想政治素养的重要途径。通过学习党的理论知识，党员教师可以深入了解党的基本理论、基本路线和基本方略，增强对党的认同感和归属感。这种思想政治素养的提升不仅有助于党员教师坚定理想信念，更能引领他们积极投身学校的教育教学工作之中，为教育事业的发展贡献力量。

另一方面，业务培训是提升教师教育教学水平的重要手段。随着时代的发展和教育理念的更新，教师需要不断提升自己的专业知识和教学技能，以适应教育教学改革的需要。党支部组织的业务培训可以围绕教学方法、课程设计、评价制度等方面展开，通过专业讲师授课、案例分析、教学实践等形式，帮助教师提升教学能力，提高课堂教学质量。

通过党支部组织的理论学习和业务培训，党员教师可以不断提升自身素质和能力，还能够增强团队的凝聚力和向心力。因为这些学习活动不仅是个人发展的需要，也是团队共同进步的保障。通过共同的学习和交流，教师之间可以更好地相互借鉴、共同进步，营造良好的学习氛围和团队合作氛围，推动学校教育事业不断向前发展。

2. 心理疏导与关怀服务

在面对工作压力、人际关系问题或个人困扰时，及时提供心理疏导和关怀支持，不仅有助于解决问题，还能够增强党员教师的心理健康和工作积极性。

第一，心理疏导服务可以帮助党员教师应对在工作和生活中遇到的各种挑战和困扰。例如，教育教学工作中可能会遇到学生学习成绩不理想、教学方法不得当等问题，而心理疏导师可以通过倾听和引导，帮助教师调整心态、解决问题，保持工作的稳定和高效。

第二，关怀服务是对党员教师生活的关注和支持，体现了党组织对其的关爱和关怀。例如，当党员教师遇到家庭困难、健康问题或个人困扰时，党支部可以及时提供物质帮助、情感支持和精神慰藉，让党员教师感受到组织的温暖和力量。

在实践中，可以建立健全心理疏导机制和关怀服务体系，配备专业的心理疏导师和关怀人员，定期组织心理健康知识培训和关怀服务培训，提升服务水平和质量。同时，通过开展心理健康教育和心理咨询活动，增强党员教师的心理健康意识和自我调节能力，使他们能够更好地应对工作和生活中的挑战和压力。以一位党员教师小明为例，他在教学工作中遇到了学生学习成绩下滑的问题，感到很焦虑和无助。党支部得知情况后，安排了专业的心理疏导师与小明进行了面对面的交流和倾听，帮助他分析问题、排解情绪，并提出了有效的教学改进建议。同时，关怀人员也给予了小明精神上的支持和鼓励，让他感受到了组织的温暖和关怀。最终，小明克服了困难，重拾了信心，在教学工作中取得了新突破，更加深刻地体会到了党支部的温暖和力量。

3. 团队建设与合作支持

团队建设和合作支持是党支部在促进教师团队凝聚和发展方面的重要工作内容。通过组织各类团队建设活动和合作支持计划，党支部可以有效地促进党员教师之间的交流合作，增强团队的凝聚力和向心力。

第一，团队建设活动可以通过丰富多彩的形式，如团队拓展训练、团队合作游戏、团队建设讲座等，来增强团队成员之间的互动和沟通。这些活动可以在放松愉悦的氛围中进行，旨在培养团队成员的团队意识、协作能力和领导能力，从而增强团队的凝聚力和向心力。例如，可以组织一次团队拓展活动，通过团队合作完成挑战任务，促进团队成员之间的信任和合作。

第二，合作支持计划可以通过资源共享、信息交流、技术支持等方式，为团队成员提供支持和帮助，促进彼此之间的合作和共赢。例如，可以建立教学资源共享平台，让团队成员分享优质的教学资源和教学经验；也可以组织专家讲座或开设工作坊，提供专业技术培训和指导，帮助团队成员提升教学水平和专业能力。

在实践中，可以根据团队成员的需求和特点，有针对性地设计和开展团队建设和合作支持活动。通过精心策划和组织，充分调动团队成员的积极性和参与度，实现团队建设和合作支持的双向促进，为教师团队的发展和壮大提供坚实的组织保障。举例来说，某校教师团队在教学改革中遇到了困难，需要共同协作解决问题。党支部组织了一场团建活动，通过团队合作游戏和团队拓展训练，增强了队员之间的信任和团结，激发了大家解决问题的动力。同时，党支部还建立了一个教学资源共享平台，让团队成员可以相互分享教学资源和经验，共同探讨解决教学难题。这些举措有效促进了团队成员之间的交流合作，增强了团队的凝聚力和向心力，为教学改革提供了有力的支持和保障。

三、文化氛围的持续建设与发展

（一）文化建设的系统规划与持续推进

1.明确文化建设目标

明确文化建设目标是校园文化氛围持续建设和发展的重要前提和基础。这一过程需要学校充分认识到自身的定位和发展需求，以及校园文化建设的重要性和意义。通过明确文化建设目标，可以更好地指导和规划后续的文化建设工作，使之更加具有针对性和有效性。

第一，文化建设目标应当与学校的发展定位和特点相契合。不同学校有着不同的办学理念、教育目标和发展定位，因此其文化建设目标也会有所不同。例如，一所以传统文化传承为主打的学校可能会将提升校园文化软实力、弘扬中华优秀传统文化作为文化建设的主要目标；而一所以创新创业为特色的学校可能会将培育创新意识、激发学生创造力作为重点目标。

第二，文化建设目标应当具有一定的可操作性和指导性。明确的目标应当能够为后续的文化建设工作提供明确的方向和指引，使之能够有条不紊地进行。例如，如果学校的文化建设目标是提升校园文化软实力，那么可以制定相应的举措和计划，如开展丰富多彩的文化活动、建设具有特色的校园文化品牌等。

第三，文化建设目标还应当具有一定的前瞻性和长远性。随着时代的发展和社会的变迁，学校的发展需求也会发生变化，因此文化建设目标应当具有一定的适应性和延续性，以便适应未来的发展需求和变化。例如，可以将培育创新创业精神、促进国际交流合作等目标纳入文化建设规划中，以适应未来社会发展的需要。

第四，明确文化建设目标还需要充分调动学校各方面的资源和力量，合力推动文化建设工作的开展。这需要各级领导的高度重视和支持，以及全体师生的积极参与和配合。只有形成了全校上下的共识和合力，才能顺利实现文化建设目标，推动校园文化氛围的持续发展。例如，某高校明确了其文化建设目标为“打造具有国际影响力的现代化文化校园”，为此制定了一系列的实施方案。其中包括加大国际文化交流合作力度，邀请国际知名文化学者来校交流讲学；举办国际性的文化艺术节，展示不同国家和地区的文化风采；打造国际化的文化交流平台，为师生提供更广阔的国际交流机会等。通过这些举措，学校成功实现了其文化建设目标，校园文化氛围得到了极大的丰富和提升，为学校的国际化发展奠定了坚实的基础。

2. 制定详细的文化建设规划方案

制定详细的文化建设规划方案是推动校园文化氛围持续发展的重要步骤，需要充分考虑学校的实际情况和资源条件，确保文化建设工作有序进行并达到预期的效果。

第一，制定文化建设规划方案需要对学校的文化现状进行全面深入的调研和分析。这包括对校园文化资源的梳理和评估、了解学校文化的优势和不足，以及把握学校文化建设的现状和问题。例如，某高校在进行文化调研时发现，学生参与校园文化活动的积极性不高，师生交流互动的机会有限，存在文化资源利用不足的情况。

第二，基于文化调研的结果，制定具体可行的文化建设目标和任务。这些目标和任务应该与学校的整体发展目标和实际情况相契合，具有一定的前瞻性和可操作性。例如，针对上述发现的问题，学校可以制定提升学生参与度、加强师生交流互动、优化文化资源利用等方面的具体目标。

第三，制定文化建设的具体措施和实施计划。包括确定具体的工作内容、时间节点、责任部门和配套资源，确保文化建设工作有序推进。例如，针对提升学生参与度的目标，学校可以制定开展丰富多彩的文化活动、建立学生文化组织、设立文化奖励机制等具体措施，并明确各项措施的责任部门和时间表。

第四，制定文化建设规划方案还需要充分考虑资源保障和风险防范。这包括充分调动学校各方面的资源和力量，确保文化建设工作能够顺利开展，并在实施过程中及时发现和解决可能出现的问题和困难。例如，学校可以加强与相关文化机构和社会团体的合作，共享资源，降低文化建设的成本和风险。

第五，制定文化建设规划方案还需要进行监督和评估。这包括建立健全监督评估机制，定期对文化建设工作进行评估和总结，及时发现问题并调整和改进工作方案。例如，学校可以设立文化建设工作专门的监督评估机构或委员会，定期召开评估会议，对文化建设工作进行全面评估和分析，为下一阶段的工作提供参考和指导。

3. 持续推进执行

持续推进执行是文化建设工作的重要环节，需要学校建立健全监督评估机制，并采取有效措施跟踪和促进文化建设工作的顺利进行。

第一，学校应建立定期的监督评估机制，确保文化建设工作得到持续关注和监督。例如，学校可以设立文化建设工作领导小组或委员会，由相关部门领导，由专家学者组成，负责监督和评估文化建设工作的执行情况。该小组或委员会定期召开会议，对文化建设工作进行全面的评估和分析，及时发现问题并提出改进措施。

第二，学校可以采取多种方式跟踪文化建设工作的进展情况，包括定期汇报、现场检查、听取意见等。例如，学校可以要求相关责任部门定期向上级领导和监督评估机构汇报文化建设工作的进展情况，包括完成情况、存在的问题和下一步的工作计划。同时，学校还可以组织现场检查和听取师生的意见建议，了解文化建设工作的实际情况和问题，及时采取措施加以解决。

第三，学校应及时调整和完善文化建设工作方案，根据实际情况和反馈意见进行调整和改进。例如，如果监督评估机制发现了文化建设工作中存在的问题或不足，学校应该及时对工作方案进行调整和改进，明确责任部门和具体措施，以确保文化建设工作的顺利进行。同时，学校还应该充分听取师生的意见和建议，不断完善文化建设工作方案，提升文化建设工作的质量和效果。

第四，学校应对文化建设工作的完成情况进行评估和总结，为下一阶段的工作提供经验和借鉴。例如，学校可以定期组织评估会议，对文化建设工作的完成情况进行全面评估和总结，分析存在的问题和不足，并提出改进措施和建议。同时，学校还可以邀请专家学者进行外部评估，为文化建设工作提供第三方评价和建议，进一步提升工作的质量和水平。

（二）文化建设的创新与实践

1. 推动文化活动内容创新

（1）创新主题和形式

文化活动的创新不仅是在内容上进行变革，同时也需要在主题和形式上进行创新。通过引入新颖的主题和形式，可以吸引更多的师生参与其中，激发其兴趣和热情，从而达到丰富校园文化生活、促进师生交流互动的目的。

第一，针对主题的创新，学校可以根据当前社会的热点问题或学生的关注点，设计具有针对性和吸引力的文化活动主题。例如，可以围绕着环境保护、性别平等、社会公益等社会议题展开讨论，引导师生思考、交流观点，提升他们的社会责任感和参与意识。此外，也可以结合学校的特色和优势，设计具有文化内涵和教育意义的主题活动，如传统文化传承、地方特色文化体验等，以增强师生对文化传统的认同感和自豪感。

第二，形式上的创新也是至关重要的。除了传统的讲座、展览、演出等形式外，学校可以尝试采用更具互动性和创意性的形式，如沙龙、工作坊、角色扮演等。通过这些形式，可以打破传统的被动观赏模式，让师生更加积极地参与到活动中来，增强其参与感和投入度。例如，可以组织以小组讨论、角色扮演等互动环节为主的文化沙龙，让师生在交流中思考、分享，达到相互启发、共同进步的效果。

第三，还可以结合现代科技手段，运用虚拟现实技术、在线直播等方式，开展线上线下相结合的文化活动，拓展活动的影响范围和受众群体。通过这些创新形式，可以使文化活动更加生动有趣，吸引更多的师生参与其中，为校园文化的建设和发展注入新的活力。

（2）融合跨学科元素

为了提升文化活动的质量和深度，融合跨学科元素是一种创新的方式。通过将不同学科领域的知识和观念相结合，可以创造出更具有创新性和独特性的文化活动，丰富校园文化生活，促进师生的学术交流和跨界思维。

第一，融合艺术与科技元素是一种常见的方式。艺术与科技的结合可以产生许多新奇的文化活动形式，如数字艺术展、虚拟现实艺术体验等。利用科技手段，如计算机图形学、人工智能等，可以创造出更具创意和前沿性的艺术作品，吸引更多师生的参与和关注。

第二，融合文化与商业元素也是一种创新的尝试。在这样的跨学科活动中，可以探讨文化与商业之间的关系，如文化创意产业的发展、文化产品的营销策略等。通过举办跨界讨论会、产业交流会等活动，可以促进学校与行业之间的合作交流，为学生提供更广阔的就业和创业空间。

第三，融合人文与科学技术元素也是一种有趣的尝试。在这样的文化活动中，可以结合人文学科的思考和科学技术的实践，探索人类文明的发展和未来的走向。例如，可以组织跨学科的讲座、研讨会，探讨人类社会、科学技术和文化艺术之间的关系，激发师生对未来世界的思考和探索。

2. 发挥资源多样性和优势

（1）整合师资力量

学校的师资力量是文化建设中不可或缺的重要资源，充分整合和利用师资力量对于丰富校园文化建设的内容和形式具有重要意义。通过整合不同专业背景和艺术才华的教师，可以打造出更加多样化的文化活动，激发师生的兴趣和参与热情，提升校园文化的品质和水平。

第一，学校可以利用教师的专业背景和艺术才华，组织跨学科的文化活动和项目。例如，可以邀请艺术专业的教师与科技领域的专家合作，开展艺术与科技的跨界合作项目，如数字艺术创作、虚拟现实艺术展示等。通过跨学科的合作，可以融合不同领域的专业知识和创新思维，为师生提供更加丰富和前沿的文化体验。

第二，学校可以组织师资力量参与到文化活动的策划和组织中。教师作为文化建设的主要参与者和组织者，可以发挥其专业优势和教育经验，策划和组织具有教育意义和艺术价值的文化活动。例如，教师可以组织学生参与艺术创作比赛、文化沙龙交流等活动，激发学生的创造力和思维能力，丰富校园文化生活。

第三，学校还可以通过教师团队的集体智慧，推动文化建设工作的不断创新和发展。教师团队可以积极参与到文化建设的讨论和决策过程中，共同探讨文化活动的内容和形式，为学校文化建设提供更加全面和多样化的建议和方案。通过教师团队的集体努力，可以推动校园文化建设工作取得更加丰硕的成果，为学校的发展增添新的动力和活力。

（2）创意利用图书资料

学校的图书资料是丰富多彩的文化宝库，充分利用这些资源可以为文化建设提供强大支持。除了传统的图书借阅服务，还可以通过创意的方式开展一系列与图书相关的文化活动，从而激发师生对文学艺术的兴趣，促进校园文化的繁荣与发展。

第一，学校可以组织读书分享会。这种活动可以由教师或学生自愿参与，每次选取一本书，邀请参与者分享对这本书的阅读体会、感悟和思考。通过互相分享，可以拓宽大家的阅读视野，丰富阅读体验，促进师生之间的交流与互动。

第二，学校可以举办图书展览活动。通过精心的策划和布置，将图书馆或阅览室打造成一个文化艺术的展示空间，展示与特定主题相关的图书资源，如文学经典、历史传记、科技文献等。展览期间还可以安排讲解员或导览员，向师生介绍展览内容，引导他们深入了解。

第三，学校还可以举办文学创作比赛。通过组织文学创作比赛，鼓励学生发挥创造力和想象力，创作出富有文学艺术价值的作品，如小说、诗歌、散文等。比赛的评选过程可以吸引更多师生的参与和关注，为校园文学创作注入新的活力和动力。

3. 引入新颖的文化元素

（1）数字化文化的应用

随着信息技术的快速发展，数字化文化已经成为文化建设的新趋势，为学校的文化建设带来了前所未有的机遇和挑战。充分利用数字化技术，学校可以打造虚拟展览馆、在线文化课程等，为师生提供更加便捷和丰富的文化体验，从而推动和提升校园文化的全面发展。

第一，学校可以建设虚拟展览馆。借助数字化技术，学校可以将实体展览馆中的文物、艺术品等用数字化的方式展示出来，以网页或应用程序的形式呈现给师生。通过虚拟展览馆，师生可以随时随地进行参观，无须受限于时间和空间，极大地方便了学习和欣赏。

第二，学校可以开展在线文化课程。利用网络平台和多媒体技术，学校可以邀请专家学者或优秀教师开设各类文化课程，如艺术史、文学欣赏、传统文化等，供师生自主学习。在线文化课程的开设不仅可以满足师生的学习需求，还能够拓宽他们的文化视野，提升其文化素养。

第三，学校还可以利用数字化技术开展虚拟参观活动。通过虚拟现实技术或全景摄影技术，学校可以打造栩栩如生的虚拟景观，让师生仿佛置身于名胜古迹之中。这种虚拟参观活动不仅能够丰富师生的文化体验，还能够拓宽他们的视野，加深他们对文化遗产的了解和认识。

（2）推动跨文化交流

在当今全球化的背景下，跨文化交流已成为必然趋势，对学校而言，积极推动跨文化交流不仅是对外开放的体现，更是丰富校园文化内涵、促进师生学术成长和个人发展的重要途径。以下将从多个层面探讨学校如何推动跨文化交流，并提供具体措施和实例。

第一，学校可以通过举办国际文化节等活动引进外国文化元素。国际文化节是一个集文化展示、文化交流、文化体验于一体的综合性活动，通过展示不同国家和地区的文化特色，为师生提供了解和体验多元文化的机会。例如，学校可以邀请留学生或外国文化使节，展示其国家的传统服饰、美食、音乐、舞蹈等，让师生在欣赏外国文化的同时，增进对其他文化的理解和尊重。

第二，学校可以开展国际学术交流活动，邀请外国专家学者来校交流讲学。国际学术交流不仅可以促进学术研究的深入，还可以拓宽师生的学术视野，提升其学术水平和研究能力。例如，学校可以举办国际学术研讨会或学术讲座，邀请国外知名学者就热门学术问题进行分享和探讨，激发师生的学术兴趣，促进学术交流与合作。

除此之外，学校可以积极开展跨文化教育和培训活动，培养师生的国际视野和跨文化交流能力。跨文化教育旨在帮助师生了解不同文化背景下人们之间的思维方式、价值观念、行为习惯等，提高他们的跨文化交际能力和适应能力。例如，学校可以开设跨文化交流课程或举办跨文化体验活动，让师生亲自体验和感受不同文化间的差异与共通之处，增进他们对多元文化的包容与尊重。

第七章　教师党支部纪律建设的实践路径与策略

第一节　实践探索与典型经验分享

一、典型教师党支部纪律建设案例解析

“双带头人”教师党支部书记工作室培育工程是新时代党加强与改进高校基层党组织建设的一项重要举措。案例以校级“双带头人”工作室建设为载体，充分发挥“双带头人”——党建带头人和学科带头人的双重“领头雁”作用，以强化党支部政治功能、抓好党建主责主业、提升思想政治工作质量、促进学校事业发展、加强党支部班子建设为目标，提出思想铸魂为统领、对标争先筑基础、课程思政育新人、党建业务双融合、选优配强塑梯队五个方面的工作举措，通过实践探索取得良好的效果，为推进新时代高校“双带头人”工作室的示范推广提供借鉴参考。

（一）高校“双带头人”教师党支部书记工作室建设的重要意义

作为党在高校基层建设的新时代重大课题，办好中国特色的高等学府党建工作具有时代性特征。而以此次高校“双带头人”教师党支部书记工作室建设为契机，是研究和思考这一命题理论的主要抓手。

1. 夯实了高校基层党支部书记的直接责任

加强了高校基层党支部书记的直接责任。对于高校“双带头人”教师党支部书记的培育工作，各级领导都提出了明确的指导要求。特别是在落实高校

党委主体责任的过程中，对基层党支部书记的直接责任进行了详细总结，将其视为第一责任人，负责落实基层党组织的相关工作。基层党组织主要开展高校的基层党建工作、思想政治教育工作以及其他相关工作，这些工作也被纳入基层党支部书记党建工作的年度述职报告中，作为重要内容进行评价。此外，将“双带头人”教师支部书记的培育工作纳入党支部的年度建设重要内容之中，纳入基层党建工作计划和年度工作规划的要点之中。高校党委会和常委会应定期组织全体党员参加基层党支部书记培育工作的汇报。通过严格落实这些措施，可以解决高校基层党支部书记培育工作关注度不够、基层党组织功能下降等实际问题，发挥关键作用。为了切实落实上级关于“双带头人”教师党支部书记培育工作的相关要求，高校党委应以第一责任人的姿态，全力推动高校“双带头人”基层党支部书记培育工程，加强组织领导、制定有效措施，切实落实党建工作的责任。

2. 提升了高校基层党支部书记的履职尽责能力

提升了高校基层党支部书记的履职尽责能力。针对当前高校基层党支部书记的能力建设存在一系列问题，包括党建工作创新观念树得不牢、党建工作直接责任落实不够到位、党建工作保障机制建设不够完善、党建工作投入精力相对不足等。因此，加强高校“双带头人”教师党支部书记培育工作，就是要着力提升基层党支部书记的思想政治能力，以及党建工作素养、科研教学水平以及师德师风建设等方面的能力。通过对基层党支部书记的能力培养，借鉴典型人物和经验，可以有效地增强其责任意识。此外，高校还应在校园内开展基层党支部书记工作室建设试点，总结优秀的建设经验，并将其推广至全校基层党支部，供学习借鉴之用。基层党支部书记更应该以身作则，树立良好的师德师风形象，带动全校教师党员积极投身于构建坚强的基层党组织队伍，为学校的发展贡献力量。

3. 激发了高校基层党组织的向心驱动力

激发了高校基层党组织的凝聚力和向心力。高校“双带头人”教师党支部书记培育工作是基层党建中的重要任务，对增强支部的政治凝聚力、团结党员士气、提高教学中心工作效率具有积极作用。通过开展一系列的培育工作，及时借鉴和阐述基层党建的创新理念、模式和经验，将有效的工作思路和标准推广给基层党员教师，以点带面、以学促建，必将取得实际成效。针对高校基层党建工作和教师党员队伍中存在的不规范、不严肃等问题，取得了良好的改善效果。党支部的组织指导能力得到了持续的提升和建设，凸显了党支部在政治引领、育人导向和增强凝聚力等方面的重要作用。这有利于党支部的规范化、效率化和科学化建设，推动了党组织的健康发展。

（二）当前高校党支部建设的现状及问题

1. 业务教学与党建工作存在着“重业务”“轻党建”的“两张皮”现象

当前存在着“重业务”“轻党建”的现象，部分专业教师对基层党建工作不够积极，主要原因是一些教师更偏向于从事科研工作，他们的专业水平较高，但对党建工作的参与较少。个别教师甚至认为担任高校基层党支部书记或支委会增加了党建工作的负担，可能会影响到科研工作的进展，因此认为这是浪费时间和精力，而且效果不明显。另外，一些教师觉得自己在党务工作方面能力较弱，缺乏相关经验，担心无法有效地开展党建工作。对这些问题进行深入分析，主要是因为高校教师通常将教学工作置于首位，特别是教学科研水平、学科特色等因素被视为评价教师个人能力的主要标准。这些因素也是争取科研项目、岗位晋升、教学评价和职称评定的重要依据。因此，教师对教学工作的过度投入也是党建工作效率低下的重要原因之一。长期以来，这种情况可能导致党建工作与业务教学工作的脱节，对教师队伍的发展产生不利影响。

2. 教师党员躬行表率的精神不足，导致在争先意识和创新能力上存在差距

教师党员在展示榜样作用方面存在不足，导致了在争先意识和创新能力方面存在差距。党员带头示范是做好基层党建工作的重要手段，教师党员带头示范应该具体而全面，要认清自身的党员身份，努力提升自身认知水平，不断深化学习、勇于实践，通过学习基层党建的方法规律，积极发挥教师党员的示范作用，这直接影响到了基层教师群体的士气和积极性。然而，经调查了解到，在基层党建工作中，个别教师党员存在自我革命不彻底、自我提升意识不强的问题，工作中并没有始终保持高度的责任感和使命感，党建工作统筹谋划不够到位，导致在高校基层的党员干部和群众中出现了安于现状、对待工作布置和任务缺乏积极性和创新精神的现象。

3. 师德师风建设与党建工作脱节，无法形成有效合力

师德师风建设与党建工作之间存在脱节现象，无法形成有效的合力。基层党建工作的质量直接影响着教师党员队伍的建设水平，也决定了教师党员队伍是否能够树立起良好的师德师风。然而，据调查了解，大部分高校基层党支部书记能够充分认识到“双带头人”对基层党建工作的重要性和必要性；另一部分高校基层党支部书记虽然也认为基层党建工作落实“双带头人”工作机制至关重要，但从自身条件出发，认为自身能力可能不足以胜任。因此，在高校抓好基层党建的同时，必须深入开展师德师风教育，提高基层教师党员的思想认识，倡导并营造风清气正的基层党建工作氛围，以促进党建工作与师德师风建设的共同提升和共同发展。

4. 基层党支部攻坚克难的精气神不足，在教师党员队伍建设和人才培养方面存在差距

基层党支部在攻坚克难方面的精气神不足，以及在教师党员队伍建设和人才培养方面存在差距。一些基层党支部在勇于担当、主动作为、开拓创新等方面尚未达到应有水平，其攻坚克难的意愿和能力不足。在组织教师党员政治理论学习方面，存在学习效果不尽如人意、体会认识不够深刻的问题，责任落实和担当意识不强。与新时期高校教育发展对“双带头人”的要求相比，存在明显的差距。在面对工作中的复杂问题时，偶尔出现推诿扯皮、推卸责任的现象。基层业务工作与党务工作之间难以协调，党务工作和科研工作的分配不合理，导致工作质量和效果不尽如人意。此外，人才培养机制的落实力度不够，基层党支部在吸引、稳定和留住人才方面缺乏有效的手段和制度机制。在人才队伍建设方面，存在谋划不精、能力不足等问题，导致人才队伍建设不够规范的现象依然存在。

5. 党支部干部的战斗性不强，组织生活的形式化程度较高

党支部干部的战斗性不强，同时组织生活的形式化程度也较高。组织生活会作为基层党支部的重要制度之一，承载着加强民主集中原则和进行自我检视的重要任务。经调查了解，发现基层党支部在这方面存在着一定的改进空间。尽管高校基层党支部班子对党内生活制度的重要性有一定的认识，并在组织生活会前确定了“刀刃向内，自我革命”的会议原则和精神，但会议的实际效果

并未达到应有的水平。这反映了基层党支部支委在党内生活中存在着一定的“一团和气”现象，其思想上的原则性和战斗性尚待加强，党性原则和作风建设亟须改进。此外，在日常的党风党纪工作中，党支部干部往往缺乏战斗性和斗争性，个别成员更倾向于追求安逸和平稳，不愿对普通教师党员进行严厉批评，也不愿深入触及、揭示和解决现存问题的根源。

（三）高校“双带头人”教师党支部书记工作室建设路径

1. 抓好顶层设计，党建工作与教学中心工作融合发展

高校应坚持以思想政治建设目标为引领，紧紧盯住“双一流”高校的建设标准，不断改革创新、奋发进取；把高校“双带头人”教师党支部书记工作室建设放到高校党组织建设的首位来抓，充分认识到基层党建工作与教学中心工作协调发展的重要性和必要性，进一步加强基层党支部的宣传工作和组织建设，充分发挥基层党支部的战斗堡垒作用，构建打基础、求规范、重实干、出成效的基层党支部工作体系。做好支部书记的“双带头人”培育工作，高校党委就加强建设的顶层设计工作，以统筹谋划、冲在一线、全面负责的工作态度，详细研究“双带头人”教师党支部建设规划，选强配优基层党支部书记，严格落实党支部书记的培育和考评制度，不断提升党支部书记的履职尽职能力，促进党建工作与业务科研工作的协调发展，使“双带头人”作用得以充分发挥。

2. 建立争先创优机制，确保教师党员发挥以身作则作用

要抓好基层教师党员队伍建设。首先，高校党支部需要发挥“领头羊”的作用，构建起党支部书记作用发挥保障制度，使党支部在基层党员队伍建设中发挥引领作用；要建立健全相应的争先创优工作机制，坚持基层党建工作中党管党员和党管干部的原则，使教师党员队伍建设贴近中心、贴近实际，成为党建工作与教学科研工作深度融合的桥梁与阶梯；要进一步探索教师党员发挥作用的职能措施，树立起教师党员在党建工作和教学科研工作中的光辉形象；强化以价值观为引领，以发挥教师党员以身作则的示范作用为目的，充分展示基层党支部在党建工作和教学科研工作中的主导地位。

3. 坚定培养务实作风，树立良好的师德师风环境氛围

教师党员在师德师风培育工作方面，要以身作则、率先垂范，坚持以习近

平新时代中国特色社会主义思想为指导，坚决落实好立德树人的高校育人总要求，努力提升自我修养，不断开拓探索前进，以良好的师德育人形象，深入群众和学生之中，营造良好的教学环境和氛围。教师党员还要敢为人先，高度发扬党员的先锋模范作用，不论在党建工作还是在教学科研工作中，都要起表率带头作用。教师党员围绕基层党建工作，要争做社会主义核心价值观的传播者，引导学生树立正确的世界观、人生观和价值观，提升党员在群众中的模范感召力，为高校的学科建设和提高党建工作水平提供根本保证。

4. 明确建设方法和目标，提升党支部队伍建设的能力和水平

高校要进一步强化基层党支部的核心凝聚力，加强支部班子成员与教师党员之间的互信、互敬和互重程度，使“双带头人”教师党支部书记工作室建设更具有感召力和指导性；要以党支部为基层教学科研和党建工作的领导核心，合理确定科研教学的任务和建设目标，鼓励每名教师党员争做学术带头人；另外，还要进一步加强党支部“双带头人”工作室服务基层的能力，按照高校的基层党建工作规划，以服务教学中心工作为原则，党支部充分发挥战斗堡垒作用，引导师生紧密围绕教学改革进行学科专业建设，制定任务目标清单。基层党支部书记还要充分发挥自身的影响力，建立以教师党员骨干为基础的学术研究体系，进一步提升教师的科研能力和水平，促进基层党建工作的顺利开展。

5. 加强组织生活的严肃性，提高党支部内部的生机活力

高校“双带头人”教师党支部书记工作室建设应该从加强组织生活制度的严肃性出发，严格实施组织生活质量提高规划部署。在教师党员中，按照组织生活制度选出群众基础好、思想作风强的党员干部担任支部委员；要建立符合基层党建工作实际的党支部委员工作制，真正发挥党支部委员的职能作用，使组织生活制度的落实充满活力。高校要进一步强化委员讲党课制度，打造既充满党味，又充满趣味的品牌党课，既要严谨落实规范的组织生活制度，又要注重提升党组织生活的生机和活力。

二、实践探索中的成功经验总结

（一）顶层设计和规划

制定清晰的顶层设计和规划是党建工作取得成功的关键。这需要从以下几

个方面展开。

1. 分析现状与需求

（1）党建工作现状分析

在对党建工作现状进行深入分析时，需要考虑党员队伍的数量、结构和素质状况。通过统计党员的分布情况、年龄构成、学历背景等，全面了解党员队伍的基本情况。同时，还应该分析党组织的活力和凝聚力，包括党员参与组织活动的积极性、组织生活的质量等。

（2）对教学中心工作需求进行评估

针对教学中心工作的核心任务和发展需求，需要进行细致全面地评估。这包括教学中心的定位与功能、教学资源的配置与利用、教学管理的现状与问题等方面。通过调研教学工作的实际情况，找出教学中心工作存在的短板和亟待解决的问题，为后续顶层设计提供可靠的数据支持。

（3）综合分析与问题定位

在对党建工作和教学中心工作进行分析的基础上，需要进行综合分析和问题定位。通过比较两者的关系和影响，找出党建工作与教学中心工作融合发展中存在的瓶颈和挑战。这有助于明确顶层设计的重点和方向，为后续的规划和实施提供依据。

2. 确定战略目标与路径

（1）确定党建工作与教学中心融合的战略目标

根据分析结果，确定党建工作与教学中心融合发展的战略目标。这包括提出明确的发展目标和指标，如党建工作与教学中心工作的一体化程度、党建成效与教学质量的关系等。同时，也要确定实现这些目标的路径和策略，包括制定相应的政策文件和管理办法、明确责任部门和推进措施。

（2）制定战略规划与行动方案

基于确定的战略目标，制定具体的战略规划和行动方案。这需要将战略目标细化为具体的工作任务和时间表，明确各项工作的内容、标准和责任人。同时，还要结合教学中心的实际情况，制定相应的资源配置和支持政策，确保顶层设计的有效实施。

（3）整合资源与协同推进

为了实现顶层设计的目标，需要整合各方资源，形成合力推进。这包括充分利用教学中心的教学资源和人才优势，加强与党建工作的对接与合作。同时，还需要加强与相关部门和单位的沟通与协调，形成跨部门、跨单位的合作机制，共同推动党建工作与教学中心工作的融合发展。

3. 设计实施方案与监测机制

（1）制定具体措施与时间表

在确定战略目标和行动方案的基础上，需要制定具体的实施措施和时间表。这包括确定各项工作的具体内容、实施步骤和时间节点、明确责任部门和工作进度，以确保各项任务有序推进、有序落实。

（2）建立监测评估机制与反馈机制

为了及时了解党建工作与教学中心工作融合发展的进展情况，需要建立健全的监测评估机制和反馈机制。这包括制定相应的评估指标和评价体系，定期组织评估和验收工作成果，及时发现问题和短板，采取相应的改进措施。

（3）加强组织协调与督促落实

为了确保顶层设计能够有效实施，需要加强组织协调和督促落实。这包括建立健全组织领导体系和工作机制，明确各级党组织和相关部门的职责和权限，加强对工作进展的督导和指导，及时解决工作中的困难和问题，确保顶层设计能够顺利推进。

（二）建立争先创优机制

1. 设计激励机制

（1）物质奖励与荣誉称号

除了提供一定的物质奖励外，还可以设立一系列的荣誉称号，如“优秀党员教师”“党建工作先进个人”等，以表彰在党建工作中取得显著成绩的教师党员，并通过颁发证书、奖金等方式予以奖励。

（2）晋升机会与职称评定

将党建工作的表现纳入教师个人绩效考核体系之中，对在党建工作中表现优异的教师党员给予适当的晋升机会和加分，将其党建工作成绩作为晋升职称的重要参考依据，进一步激发教师党员的工作热情。

2. 建立竞赛评比机制

（1）年度教学成果竞赛

设立年度教学成果竞赛，鼓励教师党员在教学工作中积极探索创新，提高教学水平和教学质量，将优秀教学成果进行评选表彰，激发更多教师党员的教学创新活力。

（2）党建工作创新奖评选

设立党建工作创新奖评选活动，重点评选和表彰在党建工作中成绩突出的教师党员，鼓励他们积极投身到党建工作中，推动教学中心的党建工作不断创新发展。

3. 强化考核督导机制

（1）党建工作考核指标

建立科学合理的党建工作考核指标体系，包括党员队伍建设、党组织活动开展、党风廉政建设等方面的考核内容，定期对教学中心的党建工作进行全面评估。

（2）绩效考核与挂钩机制

将党建工作考核结果与教师个人的绩效考核挂钩，充分体现党建工作在绩效考核中的权重和作用，对于表现优异的教师党员给予相应的奖励和晋升机会，对于工作不力的教师党员采取相应的督促和约束措施，形成正向激励和约束机制。

（三）坚持培养务实作风

坚持培养务实作风，树立良好的师德师风环境，提升教师党员的思想品德和工作作风，可以通过以下几个方面进行深入探讨。

1. 培养教师党员的理论素养

（1）丰富多彩的学习教育活动

除了常规的集体学习和个人自学外，还可以通过开展主题研讨、读书分享会、理论交流沙龙等形式，使教师党员在学习教育中体会到思想的碰撞和知识的交流，增强其理论素养和学术修养。

（2）理论学习与实践结合

将理论学习与实际工作相结合，通过案例分析、调研报告等方式，引导教师党员将理论知识应用到实际工作中去，提升其解决问题的能力和水平，培养务实作风。

2. 倡导教师党员的务实工作作风

（1）强调实效性与实用性

在教学和科研实践中，强调实效性和实用性，鼓励教师党员注重解决实际问题、提供实际解决方案，推动科研成果转化为教学实践，以实际行动践行务实作风。

（2）典型表彰与榜样示范

通过树立典型、表彰先进的方式，将那些在实践中取得突出成绩、具有典型意义的教师党员作为榜样，引领更多的教师党员向他们学习，形成积极向上的工作氛围。

3. 强化师德师风建设

（1）深入开展师德师风教育活动

开展形式多样、内容丰富的师德师风教育活动，包括讲座、座谈、心得交流等形式，引导教师党员树立正确的人生观、价值观和道德观，提升其职业操守和道德修养。

（2）师德考核与评价机制

建立健全的师德考核和评价机制，将师德师风纳入教师绩效考核范围，对于在师德师风建设中表现突出的教师党员给予适当的奖励和表彰，形成激励和约束相结合的机制。

三、案例经验对其他单位的借鉴意义

（一）加强顶层设计

顶层设计是组织发展和管理的基础，其他单位可以从以下几个方面借鉴经验。

1. 制定战略规划

（1）深入分析内外部环境

其他单位可以借鉴本案例中深入分析单位内外部环境的做法，通过对产业环境、市场竞争、政策法规等因素的综合分析，明确组织所处的位置和面临的挑战，为制定战略规划提供准确的基础数据和情报支持。

（2）明确发展目标和路径

学习本案例中明确的发展目标和路径，其他单位可以根据自身情况制定具体的发展目标，并确定实现这些目标的路径和策略。这需要充分考虑组织的资源优势和劣势，结合市场需求和发展趋势，形成科学合理的战略规划框架。

2. 融合党建与业务发展

（1）制定相关政策和措施

其他单位可以借鉴本案例中将党建工作与业务发展相结合的做法，通过制定相关政策和措施，促进党建资源与业务资源的融合和共享。这有助于提高组织的凝聚力和执行力，推动党建工作和业务发展，取得双赢的局面。

（2）加强党建资源的整合及应用

学习本案例中加强党建资源在业务领域的整合及应用，其他单位可以通过建立党建工作和业务发展的协调机制，充分发挥党组织在思想引领、团队建设、文化塑造等方面的作用，推动业务发展和组织建设的良性循环。

3. 建立监测评估机制

（1）科学合理地评估指标体系

其他单位可以借鉴本案例中建立科学合理的评估指标体系的经验，通过确定关键绩效指标和评估标准，量化评估组织发展的各项指标和目标，为组织管理和决策提供科学依据。

（2）及时跟踪和评估工作进展

学习本案例中建立健全的监测评估机制，其他单位可以及时跟踪和评估工作进展，发现问题并及时调整。这有助于组织及时发现并解决存在的问题，确保战略目标的顺利实现。

（二）建设激励机制

激励机制是激发组织活力、调动积极性的重要手段，其他单位可以从以下方面借鉴经验。

1. 设计差异化激励政策

（1）基于不同岗位和贡献设计激励方案

借鉴本案例中的差异化激励机制，其他单位可以根据不同岗位和员工的贡献情况设计有针对性的激励方案。这包括对高层管理人员、技术骨干、基层员工等不同群体采取不同的激励政策，以满足其不同的需求和期望。

（2）综合运用多种激励方式

除了物质奖励，其他单位还可以借鉴本案例中的晋升机会、学术荣誉等多种激励方式。通过综合运用多种激励方式，满足员工多样化的需求，激发其更高水平的工作动力和创造性。

2. 强化激励效果评估

（1）建立完善的评估体系

其他单位可以学习本案例中建立完善的激励效果评估体系，包括对激励政策执行情况、员工绩效提升情况等方面的评估指标。通过建立科学合理的评估体系，及时发现激励政策中存在的问题和不足，为进一步优化激励机制提供依据。

（2）及时调整和改进激励政策

通过定期调查、问卷调查、员工反馈等方式，其他单位可以了解员工对激励政策的认可度和满意度，及时调整和改进激励政策。这有助于保持激励政策的有效性和可持续性，进一步提高员工的工作积极性和忠诚度。

3. 营造良好的激励氛围

（1）举办表彰活动和培训课程

其他单位可以借鉴本案例中举办表彰大会、发放激励通报、组织激励培训等方式，营造积极向上、竞相奋进的激励氛围。通过公开表彰优秀员工的先进事迹，激发员工的学习热情和工作动力，提高整体团队的凝聚力和向心力。

（2）倡导积极进取的企业文化

其他单位可以通过倡导积极进取的企业文化，强调奋斗精神、创新精神和团队合作精神，营造积极向上、充满活力的工作氛围。这有助于增强员工的归属感和认同感，提升员工的工作幸福感和满意度。

（三）师德师风的建设

师德师风建设是教育单位发展的重要保障，其他单位可以从以下方面借鉴经验。

1. 强化道德教育

（1）设计多样化的道德教育活动

借鉴本案例中的道德教育经验，其他单位可以设计多样化的道德教育活动，包括道德讲堂、主题教育、道德模范评选等。通过这些活动，引导员工践行社会主义核心价值观，树立正确的人生观、价值观和世界观。

（2）强化日常的师德师风教育

除了集中开展的教育活动，其他单位还应当注重日常的师德师风教育。通过定期组织教育培训、开展师德师风教育课程、制定师德师风行为规范等方式，强化对员工的道德教育和职业操守的培养。

2. 倡导务实的工作作风

（1）制定明确的工作制度和规范

其他单位可以借鉴本案例中的务实工作作风倡导经验，制定明确的工作制度和规范，明确员工的工作职责和工作目标。通过建立健全的绩效考核体系，激励员工注重工作实效和质量，推动工作不断创新和提升。

（2）加强业绩考核和激励机制

除了规范制度，其他单位还应当加强业绩考核和激励机制的建设。通过建立科学合理的绩效评价体系，将业绩考核与激励机制相结合，激发员工的工作积极性和创造力，推动组织的持续发展。

3. 建设良好的工作氛围

（1）加强团队建设和文化建设

其他单位可以通过加强团队建设、提升员工的归属感和认同感，营造和谐稳定、充满活力的工作氛围。通过组织团队活动，促进员工交流和沟通，增强团队凝聚力和协作能力。

（2）提升员工的福利待遇

除了团队建设，其他单位还应当关注员工的福利待遇。通过提升员工工资待遇、改善工作环境、提供职业发展机会等方式，满足员工的物质和精神需求，提升员工的工作满意度和幸福感。

第二节　策略制定与对策落实

一、优化体系与创新载体

进入新时代，教师党支部面临着复杂的高校工作环境，结构优化能力既要合理安排教师群体，又要深入改革、优化组织设置，通过优化体系与创新载体实现教师党支部组织力的增强。

（一）优化教师党支部组织体系

为提升结构优化能力，党支部组织体系需要破除因循守旧，以创新激发活力。一切要按照有利于党的领导，有利于开展工作，有利于健康发展进行优化。建设一批结构灵活，组织严密的高校教师党支部。

1. 将教师党支部的优化设置与高校工作要求相结合

提升教师党支部组织力必须基于党支部这一载体，党支部是否结构科学、运行稳定，是决定组织力建设是否能够成功的关键。高校教师党支部是教育、管理、监督和服务教师党员的基本单位，能够有效团结广大教师群体，是贯彻落实党的方针与政策的重要堡垒，是走好中国特色社会主义办学方向的坚决力量。把教师党支部的优化设置与高校工作要求相结合，立足高校教学要求、科研类型、管理层次和服务对象等特征，遵循覆盖有效、灵活便捷、统筹管理的原则，积极探索教师工作中活跃度较高的组织团队，尝试以教学团队、学科组织等设立教师党支部，依托科研项目探索“支部建立在项目上”的党支部设置模式，不断围绕高校教育与科研工作开展党组织活动，使教师党支部更加容易在学科专业领域中发挥政治作用，有利于社会主义办学方向的实践。

2. 将教师党支部的优化设置与党组织规范要求相结合

将教师党支部的优化设置与党组织规范要求相结合，是提升党组织结构优化能力的重要基础。具体到高校教师党支部，部分党支部在宣传与规范工作的能力上存在欠缺，为实现教师党支部的优化设置与党组织规范要求相结合，必须在教师党支部中实施严格的党内治理，大力整顿以实现规范化。

第一，必须增强教师党员的党管意识。需要细化党支部中每位教师党员的工作职责，建立全员党管、全员参与、全员负责的责任体系。要切实执行各项组织生活制度，如“三会一课”、组织生活会、党员民主评议等，确保形成上下联动的党管体系。

第二，要实现教师党员管理的规范化。教师党员作为支部各项工作的主体，在学校政策和党的方针中扮演着重要角色。因此，需要健全教师党员的培训机制，既包括理论和党务工作的学习，也包括教学能力的提升。同时，要完善考核机制，将考核结果作为发展提拔的重要依据，确保党员党建水平与教育工作水平相匹配。

第三，需要确保机制的规范化。要量化党务工作，建立透明的审查制度，实行奖惩分明的原则，形成良性循环，让党员干部充满干劲、富有奔头。最终目标是选拔出一批德才兼备的教师党员，打造出一支能够发挥先锋模范作用的队伍。

这样，通过加强教师党支部的优化设置，结合党组织规范要求，能够实现教育单位党组织结构的优化，推动党支部的建设全面进步、全面过硬。

（二）创新组织宣传与服务载体

根据组织力的建设要求积极创新党员工作和宣传的方式方法，推进教师党支部网络阵地建设。但是如何利用新媒体技术服务党员，如何将互联网与党建实现有机结合，是一个值得研究和思考的现实问题。

1. 使用大数据整合资源

新时代背景下教师的主动性强、对信息的需求量大，借助新媒体灵活传播的特性，让资源突破了时间和空间的限制，为党建工作实现资源整合提供扎实的基础。这里的资源整合，主要是指信息资源和平台资源的整合。信息整合是指能够实现各类信息的传播和资源的共享，可以把教师党支部的活动、教育、学习等进行数据化的收集与管理，通过量化指标的使用，教师党支部能够清晰明了地积累数据，最终为教师党支部建设和发展提供数据分析，为教师党支部良性循环配备新的动能，让组织力建设焕发新活力。平台整合是指合理整合教师党支部的载体平台形成生态。这里的平台生态不是指简单地将传统党建照搬到网上，也不仅仅是微博、微信等新媒体的入驻，而是基于教师党支部为平台进行框架搭建，让师生群体能够通过平台紧密联系起来，实现平台对象从强制受众到黏性用户的转变。

2. 利用新媒体拓宽渠道

手机媒体已经成为高校师生最常使用、影响力最大的媒介之一。教师党支部的工作和宣传必然要考虑传播渠道和受众覆盖面。因此，提升教师党支部的结构优化能力，尤其是优化载体就一定要积极融入当下的新媒体大环境中，拓展渠道、建成体系，打造一支有规模、有组织、专业化的党建传播队伍，实现对高校师生的有效覆盖。当前，高校教师党支部的工作渠道大多还只局限于口头和开会，宣传主要依靠校内网站和高校办公系统，少数高校通过微信公众号进行发布，但阅读量却寥寥无几。而“学习强国”APP 的成功案例，给了几乎没有开发过手机应用 APP 的高校一个典范。要想把教师党支部的工作做到教师受众的心中，就要首先了解这个受众的喜好和传播特征。根据不同需求，在不同渠道投放不同的内容和制定不同策略，进而提升整个教师党支部的信息交换与传播能力。

3. 建立教师党支部综合平台

传统党建网站具有功能少、服务性低和交互性差的问题。而教师党支部党建平台通过新媒体技术突破了高校党建现有传播方式的时空限制，使传播者与受众能够平行互动，最终提供一个高效的综合运作模式。

（1）利用网络技术建立教师党支部服务平台

教师党支部综合平台的关键能力是服务，也就是教师党支部综合平台中的服务模块建设，党支部的工作说到底，最终还是做人的工作。服务模块的建设就是要了解和明白人的需求。通过教师党支部综合平台，进行登录并注册，使用服务模块可以了解党员的基本信息、学习党的知识、浏览党的要闻等。利用新媒体技术，可以获得直观的学习效果，还有最新的 AI 人工智能技术，将信息以立体化的方式呈现在教师党员面前。使用大数据分类，根据教师的兴趣和需求筛选出有针对性的内容，完全提升了教师党员的信息主动权。

（2）利用新媒体技术建立教师党支部互动平台

强大的互动能力是实现教师党支部综合平台良性发展的重要能力，利用新媒体交互性强的特点，建立网上教师党员之家、学习论坛、社会舆论场等模块，引导教师党员去思考当前社会发生的难点和热点问题，在正确价值观的引导下作出评价。赞扬优秀精神，批判错误观点。建立党员信箱、问题留言板等拓宽教师群体提出需求和反馈问题的渠道，充分利用新媒体技术的及时性和交互性特点，让教师党支部能够迅速了解、及时沟通，最终有效解决教师党员在科研、工作和生活中遇到的困难。

（3）利用传播技术建立教师党支部展示平台

教师党支部展示平台的原则是围绕高校党建工作，根据教师党员的科研专长、兴趣爱好、实践活动、学习心得等不同类型的展示模块，可以有效推动教师党支部良性循环，充分发挥党员先锋作用，实现党的宣传教育常态化，抑制党支部存在的边缘化问题。高校教师党支部可以创设“党员展示窗”“党员在行动”“党员有话说”等，逐步推进教师党支部展示平台并实现品牌化，实现品牌化首先要明确展示类型。例如，可根据教师党员的科研专长、兴趣爱好设立科研风采、文体风采等模块。其次，进行价值引导，针对不同模块制定详细具体的标准，落实考核评价制度。保障最终的展示内容积极向上，符合时代价值需求，不断完善，形成效应。一方面，要不断收集对象反馈意见，分析效果的实际作用，实现实时调整，完善平台建设。另一方面，要对平台成果进行宣传展示并实现推广，提高教师党支部展示平台的品牌效应。

二、坚持高校正风肃纪建设

党的十九大报告为高校持之以恒正风肃纪建设提供了根本遵循。在作风建设方面，必须紧密联系师生群众，增强师生的获得感和幸福感，不断厚植执政为民的群众基础。在纪律建设方面，重点强化政治纪律建设和干部自身纪律建设，从而带动其他纪律建设严起来。

（一）作风建设是高校党建的长期任务

高校党的作风建设内涵丰富，核心是党员干部和师生的关系，坚持党的群众路线，密切联系师生。只有准确理解作风建设的内涵与核心，发挥高校领导干部在作风建设中的作用，增强师生的幸福感，以法治化思维推动高校党的作风建设的常态化，实现“以党风促校风”的建设宗旨。

1. 切实发挥领导干部在作风建设中的主体作用

高校领导干部应该发挥主体作用，在作风建设中扮演积极引领的角色。党委书记应当担负起对全校党的作风建设的总责任。领导干部应该认清眼前面临的历史性挑战，时刻保持党的先进性、纯洁性和革命性。必须及时有效地解决党内存在的思想、政治、组织、作风等方面的突出问题。某些高校领导班子、机关处部和部分领导干部存在形式主义、官僚主义、享乐主义和奢靡之风等问题，严重损害了党在师生中的形象，影响了党群干群关系，导致党与师生脱节，教职工与党组织之间疏离，乃至分裂。

高校领导干部必须自觉加强宗旨意识，把党的作风规定和要求内化于心、外化于行。党员干部应当以广大师生的利益为先，思考问题、开展调查研究、做出决策、推动发展，而不是把个人利益置于首位。党性是作风的根本，作风是党性的外在表现，必须把改进作风与加强党性修养相结合。高校各级领导干部要承担起作风建设的宣传、组织和监督责任，努力营造良好的党风政风，做出模范实践，成为良好的党风政风的倡导者和践行者。

高校领导干部要积极树立正确的政绩观，始终做老实人、说老实话、干老实事，自觉反对形式主义、官僚主义、享乐主义、奢靡主义。应当主动带头，把自己摆进去，做好层级带领工作，真正以身作则，发挥高校领导干部在作风建设中的主导、示范和引领作用。

2. 作风建设的核心是密切党群关系

我们党的最大政治优势是密切联系群众，最大的危险是脱离群众。高校党组织必须紧紧依靠师生，永远保持同师生的密切联系。高校党委要站在师生立场上考虑问题，把“实现好、维护好、发展好”最广大师生的根本利益作为出发点和落脚点。

高校广大党员、干部要实实在在为师生办事，把师生的合理需求作为第一信号，把师生有代表性的建议作为第一选择，把师生合情合理的利益放在第一位置，把让师生满意作为考核干部的第一标准；要从师生最关心、最迫切需要解决的实际问题入手开展工作，扎扎实实解决好师生最关心、最直接、最现实的利益问题，使学校发展成果更多地惠及师生；要更加关心各类有困难的老师和学生，千方百计帮助他们解决实际困难。高校领导干部尤其要注重坚决反对特权思想、特权现象，保持对师生的赤诚之心，坚持管理工作职能下移到二级学院，工作重心走到学生教室、食堂和公寓，实打实地做好师生关心的工作，不断提高师生的获得感和幸福感。要经常深入基层调查研究，建立健全联系基层、联系专家、联系贫困学生的制度，坚决抵制形式主义和官僚主义之风。凡是关系到学校改革发展“三重一大”问题，特别是涉及群众切身利益的重大措施，事前都要进行深入细致的调查研究，广泛听取群众意见，高校党委会民主集中决策。

3. 积极发挥党风引领作用

积极发挥党风引领作用是至关重要的。党风对于校风、学风、教风和机关作风等方面都具有引领作用。高校的党风建设通过各种教育活动的开展，以及党员和干部在生活、学习和工作中展现出的行为，潜移默化地影响着外部群众的行为。这种影响相互交织，对校风、学风、教风和机关作风产生着相互影响，同时也对校风的好坏和发展趋势起到了重要作用。良好的教风是优良学风的基础，而良好的党风则是优良教风的保障，而机关作风的优良则是良好党风的必要条件。

在教育实践中，高校的党风建设既受到内部因素的影响，也深受国内外外部环境的影响。学校的教风、学风和校风虽然不会直接显现于外界，但它们却能够直接影响到人们的感受和体验，对于青年学生的思想成长和行为养成具有深远的影响。学校的教风、学风和校风的状况将直接影响到社会、学生及家长对学校的评价和选择，从长远来看，这将关系到学校的前途和命运。因此，高校党委应当高度重视教风、学风和校风的建设。在机关干部的选拔任用、教师队伍的建设以及学生管理等方面，应加强党的作风政策的引导和制度的保障，形成机关干部作风、教风、学风和校风建设的良好氛围。只有不断加强高校党建，特别是作风建设，才能够进一步凝聚力量、统一思想，以良好的党风带动坚韧不拔的干部作风以及良好的教风、学风和校风，从而推动学校各项事业的蓬勃发展，使大学真正成为科教强国、全面建成小康社会、实现中华民族伟大复兴的强大后备力量。

4. 以法治思维推进作风建设常态化

党中央对作风建设的长期性、艰巨性和复杂性有着十分清醒的认识，始终把健全完善制度机制作为加强作风建设的治本之策，要求把作风建设的宝贵经验和有效做法用制度的形式固定下来，建立健全科学化、立体式、全方位的制度体系。按照党中央的要求，围绕改进作风、服务群众、健全党内生活，高校党委要不断坚持和完善民主集中制，完善领导班子议事规则和议事程序；建立完善校领导干部联系和服务专家和博士等制度，坚持领导干部调查研究、定期接待师生来访、同青年学者谈心等，形成密切联系师生的刚性制度体系，完善党性和作风状况定期分析制度，健全作风状况考核评价机制。在学校各项工作中严格执行制度，通过学校纪（监）委配套严密的监督制度、严厉的惩戒机制，切实整治各种不良风气和违规违纪现象，使各项制度真正成为高校党员、干部改进作风的“硬核”约束。高校一定要从思想上、工作部署上、政策措施上重视起来，持之以恒抓下去，特别是要运用法治化思维和方法提出对策，走制度化路径，坚持不懈地贯彻落实中央八项规定和《党政机关厉行节约反对浪费条例》以及教育部党组《关于进一步纠正“四风”加强作风建设的实施意见》等制度和文件精神，不断加强和改进高校党支部的作风制度化、法制化和常态化建设。

（二）加强纪律建设是高校从严治党的治本之策

党的十九大报告第一次把纪律建设与政治建设、思想建设、组织建设、作风建设并列纳入党的建设中，说明新时代党建总要求已经把纪律建设摆在尤为显著的位置。因此，高校要把加强纪律建设作为从严治党的治本之策。

1. 严明纪律是高校全面从严治党的必然要求

坚定纪律是高校全面从严治党的不可或缺之需。进入新时代，高等教育要不断开创新局面、取得新发展，必须全面推进高校党建，以严明的纪律管党治党，为高校高质量可持续发展提供保障。一系列高校违纪违法案例表明，高校党员干部违法乱纪往往是由违纪行为引发的。这些贪腐、违纪违法的行为背后，实质上就是未能遵守党纪和国法。因此，强化党的纪律建设是高校全面从严治党的必然要求，是塑造清正廉洁的育人环境、践行立德树人使命、推进高校高质量发展的重要保证，也是提升高校治理能力和治理体系现代化的迫切需要。因此，高校必须把纪律建设摆在党建的核心位置。在高校党建中，应高度重视纪律建设，把纪律建设作为全面从严治党的基础。

在新时代，高校党组织必须加强纪律建设，维护党中央权威和集中统一领导，确保高校党组织的意志统一。高校党员、干部必须严守党纪，积极创新，树立新风貌，积极迈进新时代高等教育的发展道路。应从内在因素出发，深入研究高校党组织的纪律建设，全方位、系统化地加强政治、组织、廉洁、群众、工作和生活等各方面的纪律建设。

高校党组织应重点加强政治纪律和干部纪律建设，紧紧扎牢纪律的笼子，以党章为根本遵循，根据党内法规制度，健全高校纪律建设体系。要有长远眼光，推动纪律建设不断取得可持续发展。根据政治巡视的情况，高校党员、干部仍然存在思想不纯、组织不纯、作风不纯等问题，需要从根本上加以解决。高校党员、干部只有把纪律摆在前面，坚持纪在前、严于法，才能克服“作风是小事、违纪是小节、违法才处理”等不正常思想和状态，为新时代中国特色社会主义高等教育事业的胜利提供有力保障。

2. 重点加强高校党组织的政治纪律建设

高校党委是党在高校的政治组织，对基层党组织和党员及干部在政治方向、政治立场、政治言论、政治行为等方面必须有严明的要求，因而在高校纪律建设上必须把政治纪律建设放在首位。高校党组织的政治纪律建设是组织纪律、廉洁纪律、群众纪律、工作纪律、生活纪律的建设基础，高校党员、干部必须严格按照党的政治纪律约束自己，让高校党组织的纪律建设大厦有牢固的政治基石。同时，严重违反政治纪律以外的其他纪律，同样会侵蚀党的执政基础和执政能力，这关系到人心向背，说到底都是破坏党的政治纪律。如果不能严明党的政治纪律，就会严重侵蚀高校党组织的思想道德基础，破坏高校党组织的团结和集中统一领导，损害高校党内政治生态环境，削弱广大师生对高校党组织的信心、信任和信赖，阻碍高等教育事业现代化顺利发展。

3. 系统化推进高校纪律建设

高校纪律建设的推进需要系统化，包括指导思想的明确以及全方位、全覆盖、全过程等方面的统筹推动。首先，要全面推进高校纪律建设，通过立体化推进纪律教育、严格执纪问责和完善制度等手段来确保纪律建设的有效进行。其次，高校纪律建设必须实现全覆盖，严格约束高校党组织和全体党员，特别是领导干部的行为。最后，高校纪律建设必须贯穿全过程，按照“惩前毖后、治病救人、违纪问责”的原则，从早期、小范围抓起，不仅要处理轻微违纪行为，也要严肃处理重大违纪行为。只有这样，高校才能确立严明的纪律标准，切实严格执行，使纪律成为管党治党的有效手段，为高校的各项事业提供坚实保障，推动高校不断向前发展。

（三）加强高校党员干部纪律建设

1. 教育党员干部遵规守纪

严明党的纪律，要增强纪律教育的针对性和有效性，明规矩于前、守规矩于后，使铁的纪律真正成为高校党员、干部的日常习惯和自觉遵循。教育是解决思想问题的有效手段，开展纪律教育是高校各级党组织的重要政治任务和政治责任。

党的十八大以来，高校党委高度重视纪律教育，按照中央要求，无论是党的“群众路线”教育、“三严三实”专题教育、“两学一做”学习教育，还是“不忘初心、牢记使命”主题教育，都把党的纪律作为重要内容，都把党员领导干部作为重点，推动党章、党规、党纪入脑入心。尤其是“不忘初心、牢记使命”主题教育，明确把《中国共产党章程》《习近平新时代中国特色社会主义思想学习纲要》《习近平关于“不忘初心、牢记使命”重要论述选编》《中国共产党党内重要法规汇编》等作为学习重点，要求高校党员、干部牢记党规党纪，牢记党的优良传统和作风，树立“守初心、担使命”的崇高追求，自觉“遵党章、守党纪”，守住党规党纪准则和法律底线。在此基础上，高校各级党组织要开展经常性纪律教育，采取集中培训、专题学习等方式，做到把纪律教育与推进“不忘初心、牢记使命”主题教育常态化制度化结合，把党的纪律学习教育落实在党内政治生活的各方面。高校党委要把党章、党规、党纪教育作为党委理论学习中心组的必修课，制定本单位具体教育计划措施，教育引导各级领导干部心中有戒，主动在思想上画出红线、在行为上明确界限。党委书记要承担第一责任人的责任，从严从实抓好经常性纪律教育。基层党组织要按照党章要求发挥教育主阵地的作用，组织党员、干部认真推进“不忘初心、牢记使命”主题教育常态化、制度化，让纪律从“禁令”走向自觉，让高校全体党员做到知敬畏、存戒惧、守底线。

在纪律教育中，要坚持正面引导和反面警示相结合，通过正反两方面发力，增强纪律教育整体效果。通过正面教育，发挥先进典型的引领作用，让高校党员、干部学有榜样、行有示范、赶有目标。做好反面案例剖析，发挥反面教材的警示教育作用。凡查结的高校党员领导干部违纪违法案件，都要在高校开展警示教育，举一反三、以案明纪，让更多的党员干部坚守党性原则和做人操守，时刻绷紧纪律这根弦。高校党员要不断地接受党组织的教育和培养，加强党性锻炼，形成自觉遵纪守法意识。

2. 严格党员干部执纪问责

要严格执纪问责党员干部，高校党委和纪（监）委必须加强纪律执行，确保规章制度得到严格遵守。自党的十八大以来，一系列党内法规如《中国共产党纪律处分条例》《中国共产党廉洁自律准则》《中国共产党党内监督条例》《新形势下党内政治生活的若干准则》《中国共产党巡视工作条例》等相继制定修订，全面加强党内治理，将党的权力制约在法治之下，使党的管理更加规范化、制度化、法治化。各级党组织必须严格按照党中央的要求执行纪律，做到有章可循，必须服从执行，确保严格的纪律成为有威力的震慑手段，成为具有威慑力的真正老虎和有压力的高压线。高校党委和纪（监）委必须加强纪律执行，确保严格执纪。高校党委应当坚决维护党中央的统一领导，坚决执行党中央的决策部署，保证命令畅通，保证任务的质量和数量。高校纪（监）委必须严肃查处违反纪律的行为，加强对党中央决策部署贯彻执行情况的监督检查，坚决清除对党不忠的“两面人”和“两面派”。

3. 纪检干部运用好“四种形态”监督执纪

纪检干部要善于运用“四种形态”监督执纪。新时代下，反腐败形势复杂而严峻，党内依然存在思想不纯、组织不纯、作风不纯等问题，这些问题必须得到根本解决。这意味着高校反腐败斗争需要付出更多的努力，高校党风廉政建设仍在不断前行，立德树人的任务外部环境需要持续建设，高校领导干部需要不断提升治理能力和水平。高校领导干部要全面增强治理高校的本领，更好地承担起新时代高等教育发展的历史使命，培养全面发展的社会主义建设者和接班人，实现中华民族伟大复兴的梦想，建设富强、民主、文明、和谐、美丽的社会主义现代化强国。

三、构建党建工作与业务工作双向助推关系

实现高校教师党支部党建工作与业务工作双向助推，需从以下两个方面着力。

（一）需要强化党建活动的业务导向

1. 加强党建活动的业务导向

党建活动的业务导向是推动组织发展和个人成长的重要手段。通过在全体党员集体学习和组织生活会中预先加入“业务模块”的内容，可以有效地提升党建活动的实效性和针对性，促进党员之间的思想交流和业务合作。

第一，通过在党建活动中引入业务内容，可以使党员在活动中更加贴近实际工作，更好地将党建理论与实际业务相结合。例如，可以组织专题讲座或研讨会，就与教学中心工作相关的新理论、新政策进行深入解读，引导党员在学习中增强业务素养，提升工作水平。

第二，业务导向的党建活动有助于促进党员之间的思想交流和沟通。在集体学习和组织生活会中，通过讨论业务问题、分享工作经验，党员之间可以更加直接地交流思想、分享心得，增进相互之间的了解和信任。这种开放的沟通氛围有利于凝聚党员的共识，促进团队的凝聚力和战斗力。

第三，业务导向的党建活动还可以通过批评与自我批评的方式，促进党员的自我提升和改进。在组织生活会中，通过对业务工作中存在的问题和不足进行批评与自我批评，可以帮助党员客观认识自身的不足，激发改进的动力，提高工作效率和质量。这种自我审视和改进的过程，有助于党员在业务工作中不断进步，实现个人和组织的共同发展。

因此，加强党建活动的业务导向，不仅有助于提升党建活动的实效性和针对性，还能促进党员之间的思想交流和业务合作，推动组织发展和个人成长。

2. 党建活动对教师业务工作的助推和改善

党建活动对教师业务工作的助推和改善具有重要意义。通过组织生活会中“业务模块”的批评与自我批评，可以促进教师党员在思想上的自省和在业务工作上的改进，从而提升整体业务水平和工作效能。

第一，通过党建活动的批评与自我批评，可以帮助教师党员客观全面地审视自身在业务工作中存在的问题和不足。通过集体讨论和交流，党员们可以从

不同角度看待同一问题，发现问题的根源和解决途径，为改进业务工作提供新的思路和方法。

第二，党建活动可以促使教师党员在业务工作中持续改进和提高。通过不断地进行自我批评和互相监督，教师党员可以及时发现和纠正业务工作中的错误和不足，不断提高自身的业务水平和工作效率。这种持续改进的过程，有助于教师党员逐步积累经验，提高专业素养，为更好地履行教学任务提供保障。

第三，党建活动对教师业务工作的助推和改善也体现在组织机制的规范化和透明化上。通过建立健全的考核机制和激励约束机制，可以激励教师党员不断提高业务水平，形成竞相进取、追求卓越的良好氛围。同时，透明的审查制度和奖惩机制也能有效地约束党员行为，促进业务工作的规范化。

因此，党建活动对教师业务工作的助推和改善具有重要的意义。通过加强党建活动的业务导向和批评与自我批评机制，可以促进教师党员在思想上的自省以及在业务工作上的改进，从而提升整体业务水平和工作效能。

（二）强化业务工作对党建工作的助推作用

业务工作与党建工作有着密切的联系，其相互促进、相辅相成的关系对于组织的发展和个人素质的提升至关重要。首先，业务工作和党建工作都以“培养人”为目标，这一点是它们之间紧密联系的关键。教学科研和社会服务等业务工作的本质就是通过教育培养学生，而党建工作也旨在培养合格的党员，他们能够在工作中起到表率和引领作用。这种共同的目标意味着两者之间可以相互借鉴，共同提升。其次，通过征集教师在业务工作中积累的经验，将其应用到党建工作中，可以有效地增强党建工作的实效性和针对性。

业务工作和党建工作的共性联系在于它们都是为了“培养人”。教学科研和社会服务等业务工作的目的是培养学生，在此过程中也是对教师自身修养和能力的培养；党建工作本质上也是为了培养人、培养合格优秀的党员，优秀的党员能够更好地在工作中影响身边的同事和学生。因此，两者从“培养人”的角度上各自积累的经验是可以相互借鉴并创造性地加以运用的。

业务工作和党建工作的联系可以在实践中得到充分体现。例如，在教师的教学活动中，可以融入党建元素，如开展主题党日活动、组织学习讨论等，以此来引导教师深入学习理论、增强党性修养，从而提升教学质量和教育效果。

同时，通过教学科研成果的分享和交流，也可以促进教师之间的思想交流和经验互通，从而增进彼此之间的信任和团队凝聚力。这种将业务工作与党建工作相结合的做法，不仅能够提升教师队伍的整体素质，也能够为党建工作注入新的活力和动力。

因此，业务工作对党建工作的助推作用是多方面的。通过充分发挥两者之间的共性联系，可以实现相互促进、相辅相成的良好局面，为组织的发展和个人素质的提升提供强有力的支撑。

四、加强高校纪检监察队伍的建设和监管

高校纪（监）委是党的专职监督部门，纪检监察队伍是党风廉政建设和反腐败工作的具体执行者。他们既要做好对别人的监督，更要做好自身建设和监管，这关系高校全面从严治党工作的推进效果。

（一）加强高校纪检监察干部建设

1. 加强思想理论学习，确保政治信仰坚定

首先，必须坚持思想理论学习，确保政治信仰坚定。

高校纪（监）委作为具有政治属性的机构，其地位和使命都十分重要，因此，纪检监察干部必须做到“忠诚、干净、担当”。他们需要持续深入学习党章党规，以及习近平新时代中国特色社会主义思想，并提高党性修养。

这包括加强忠诚教育和专业培训，坚持马克思主义立场、观点和方法。同时，他们需要不断分析腐败问题和监察问题，提升解决问题的能力，增强政治定力和纪律定力，以及拒腐防变能力。还应积极参与上级纪委监委的挂职，参加上级党委的专项督查，以及协助兄弟院校执纪审查工作。

2. 加强业务理论学习，确保本领高强

高校纪检监察干部既要有过硬的政治素养，又要有过硬的业务能力。随着全面从严治党不断深入和国家监察体制改革全面推进，高校纪检监察干部面对纪法衔接与执纪执法贯通的新形势，监察业务生疏和本领恐慌逐渐显露。因此，高校纪检监察干部要在增强学习能力上下功夫，特别是在监察业务上多下功夫。严格按照《中国共产党纪律检查机关监督执纪工作规则》《监察机关监督执法工作规定》等纪检监察工作程序性法规，严肃开展纪检监察工作。既要

研读监察法规和巡视案例，又要向政府监察干部学习，问计经验丰富的干部，解决高校腐败问题和案件。在增强专业能力上下功夫，高校纪检监察干部要认真学习党章党规和《监察法》及相关法规，掌握监督领域专业知识，强化纪在法前的意识，提高日常监督、执纪审查、依法调查的本领，狠抓巡视巡察整改和重点领域专项整治，提升监督效能。在增强执行力上下功夫，高校纪检监察干部要坚持说实话、讲实事、出实招、求实效，不冤枉一个好人，也绝不放过一个坏人。在增强改革创新的能力上下功夫，高校纪检监察干部要充分运用互联网技术和大数据手段，建设全覆盖、现代化、信息化的举报平台，畅通广大师生反映问题、开展民主监督的渠道。

3. 遵循清正廉洁原则，确保个人廉洁

纪检和监察机关合署办公后，监督职能增强，干部权限扩展，面临更多考验。对于纪检监察机关干部自身建设提出了新的更高要求，不仅要监督他人，更需自我监督，避免“灯下黑”情况的发生。高校纪检监察干部应坚守党性原则和法律底线，坚决同违纪违法行为作斗争，勇于维护党和师生的利益。要认真践行监督执纪原则和相关法律，健全内部控制机制，将权力制度化管理。要加强自我监督，坚决防止出现选择性执法、功利主义办案、违纪执法等问题。要自觉接受党内、民主、社会等多种监督形式，以忠诚诠释廉洁的内涵，以担当留下清白的历史记录，确保党和人民授予的权力不被滥用，使惩恶扬善之剑永不失去锋芒。

（二）加强高校纪检监察干部监管

高校纪检监察干部在新时代面临着更加严峻的任务和更高的要求。为了确保高校党风廉政建设和反腐败工作的顺利进行，必须加强对纪检监察干部的监管和建设。

第一，纪检监察机关要自觉接受党内监督和其他各方面的监督，严格约束家属、子女和身边工作人员。这要求纪检监察干部不仅要履行好自己的职责，还要保持良好的家风和社会形象，确保个人行为与纪检监察工作的规范一致。

第二，高校纪检监察干部必须树立“忠诚、干净、担当”的职业操守。这意味着他们要牢记党的宗旨，忠诚党的事业，坚决执行党的决策部署，严守纪律规定，坚决抵制各种形式的腐败行为。同时，他们还必须勇于担当责任，积极主动地履行监督执纪的职责，做到公正廉洁、严格执法，保持清正廉洁的工作作风。

第三，纪检监察机关要严格按照权限、规则、程序开展工作，健全内部控制机制，将权力关进制度笼子。这意味着在日常工作中，纪检监察干部必须严格执行纪律规定，做到事事有据、依规办事，不得以权谋私、徇私枉法，确保权力运行在法治轨道上。

第四，对于纪检监察干部的监督管理要做到“全面体检”。这意味着要对纪检监察干部的思想政治素养、廉洁自律情况、工作作风和工作效果等方面进行全面而深入的检查，发现问题及时纠正，倡导干部自我监督，确保他们的言行举止符合党纪国法，真正成为党和人民的忠诚勇敢卫士。

（三）加强高校纪（监）委组织和监督体系建设

1. 健全高校纪检监察组织体系

结合高校从严治党新任务，健全纪检监察组织体系。加强新时代纪检监察班子建设，保障纪检监察委员履职尽责。在二级院系、直属单位党委设立纪（监）委，在党总支、直属党支部设立纪检监察委员，根据基层工作需要配备专兼职纪检监察员。校纪（监）委会同组织部考察选聘二级院系纪（监）委书记、纪（监）委员及专兼职纪检监察员，建设三级组织体系。同时，注重纪（监）委班子民主集中制和内部制约机制建设，加强高校关键领域和重点人员的监督。

2. 发挥纪委和监委合署办公效能

纪委与监委合署办公，是党和国家监督体系改革的有机结合。党内监督与国家监察具有一致性，目的是加强党对反腐败工作的领导，把执纪和执法统一起来，增强反腐败斗争的效果和合力。纪委监督执纪，监委监督执法，两个机构在职责上高度互补。合署办公能够使反腐败决策指挥体系更加集中统一，反腐败资源力量更加集中统一，反腐败手段措施更加集中统一。既可以统筹协调行动，又可以减少沟通成本，还可以共享信息和经验。合署办公的领导体制和工作机制形成高效运转，发挥了合署办公的最大效益和效果。

3. 健全高校纪（监）委监督体系

在建立健全科学的高校纪（监）委监督体系方面，需要考虑多个方面的监督机制和相互配合，以确保监督工作的全面性和有效性。

第一，党组织的监督是基础和关键。高校纪（监）委应当定期向党委作出工作报告，党委则通过听取报告、组织专项巡视等方式对纪（监）委工作进行监督。党委对纪（监）委的工作方向和工作重点具有指导和监督作用，这种党内监督是高校纪（监）委工作的重要保障。

第二，司法和执法机构的监督是不可或缺的。高校监察委员会在处理职务违法和职务犯罪案件时，需要与检察院、法院等司法执法机构进行密切合作。检察院、法院在案件移送、审查起诉和审判执行等方面对高校监察委员会的工作进行监督和审查，确保执法公正，维护司法权威。

第三，其他外部监督渠道的建立也是必要的。高校纪（监）委应当主动向社会公开监督工作信息，接受来自师生、舆论等各方面的监督和反馈。这种外部监督有助于增强纪（监）委的透明度和公信力，有效防止权力滥用和腐败行为的发生。

第四，自我监督机制的建立是不可或缺的一环。高校纪（监）委应当建立专门的内部监督机构，通过内设机构间的相互制约和协调配合，形成有效的自我监督体系。这种自我监督机制有助于纪（监）委及其工作人员自我约束、规范行为，提高工作效率和质量。

第三节　未来发展路径与策略建议

一、教师党支部纪律建设的未来发展趋势分析

教师党支部纪律建设是党建工作的重要组成部分，其未来发展趋势受多方面因素的影响。

第一，随着党的十九届六中全会提出的全面从严治党新要求，教师党支部纪律建设将更加严格规范。未来，教师党员将面临更高的党纪党规要求，党组织将加强对党员的监督管理，确保党员遵守党章党纪，保持党员的先进性和纯洁性。

第二，随着教育事业的不断发展，教师队伍的结构和素质将发生变化，对教师党支部纪律建设提出了新的要求。未来，教师党支部需要更加注重对新党员的引导和培养，加强对党员的日常教育和管理，提升党员的政治觉悟和道德水平，促进教师队伍的健康发展。

第三，随着信息化技术的不断应用，教师党支部纪律建设也将面临新的挑战和机遇。未来，可以通过建立健全的信息化管理系统，加强对党员信息的管理和监督，提升党组织的管理效率和服务水平，推动教师党支部纪律建设迈向智慧化、现代化的新阶段。

综上所述，未来教师党支部纪律建设将面临更高的要求和更广阔的发展空间。只有不断加强党员教育管理，提升党组织建设水平，才能更好地发挥教师党支部在推动教育事业发展中的重要作用。

二、未来发展的路径选择与调整

在教师党支部纪律建设的未来发展中，需要选择合适的路径，并及时进行调整，以适应新形势下的发展需求。

第一，未来发展的路径选择应注重加强党员教育管理，提升党组织的凝聚力和战斗力。可以通过开展党员教育培训活动，加强党性教育和理论学习，提升党员的政治觉悟和党性修养，增强党员的组织观念和纪律意识，从而增强党组织战斗堡垒的作用。

第二，未来发展的路径选择应注重推进党组织建设创新，提升党组织的服务水平和管理效率。可以通过建立健全党建工作机制，加强党组织与教育管理部门的沟通协作，充分发挥党组织在教育教学中的引领作用，为教师队伍的健康发展提供有力支撑。

第三，未来发展的路径选择应注重加强党风廉政建设，提升党组织的公信力和形象。可以通过加强党员廉洁自律教育，严格执行党内监督制度，加强对党员违纪违法行为的惩处和警示，切实维护党支部的形象和威信，保持党组织的清正廉洁。

三、未来发展的策略建议与实施方案

为了有效推进教师党支部纪律建设的未来发展，可以采取以下策略建议和实施方案。

第一，加强党员教育管理。建立健全党员教育培训体系，开展多种形式的党性教育和理论学习活动，提升党员的政治觉悟和党性修养。

第二，推进党组织建设创新。建立健全党组织工作机制，加强党组织与教育管理部门的沟通协作，充分发挥党组织在教育教学中的引领作用。

第三，加强党风廉政建设。建立健全党风廉政建设制度体系，严格执行党内监督制度，加强对党员违纪违法行为的惩处和警示，切实维护党的形象和威信。

通过有效实施以上策略建议和实施方案，可以进一步提升教师党支部纪律建设水平，推动教师党支部在新时代党建工作中发挥更大作用，为教育事业的发展作出更大贡献。

参考文献

［1］罗永忠．新时代高校加强党支部标准化规范化建设研究［J］．决策探索（中），2021（04）：19-21.

［2］任美娜，刘林平．“在学术界失眠”：行政逻辑和高校青年教师的时间压力［J］．中国青年研究，2021（05）：14-21，35.

［3］刘晶月，束方银．基于标准化理论的高校党支部标准化建设路径研究［J］．扬州大学学报（高教研究版），2021，25（06）：85-89.

［4］贺桂祯．高职院校党支部标准化、规范化建设研究［J］．教育科学论坛，2019（09）：15-20.

［5］王孔莉．关于高校基层党支部标准化规范化建设的思考［J］．课程教育研究，2020（42）：33-34.

［6］杨振斌．努力建设中国特色世界一流大学［J］．中国高等教育，2018（17）：4-6.

［7］别荣海，陈建威．我国高校内部治理结构改革的困境及其突破［J］．郑州大学学报（哲学社会科学版），2016，49（5）：77-80.

［8］蔺伟，王雪．全面从严治党背景下加强高校教师党支部建设的原则和路径探析［J］．思想教育研究，2017（1）：101-104.

［9］冯新舟．旗帜鲜明讲政治把党的政治建设摆在首位［J］．法制与社会，2018（6）：123-124.

［10］骆军，龚炜．高校教师党支部书记“双带头人”建设探析［J］．学校党建与思想教育，2016（12）：32-34.

［11］朱家德．教师参与高校治理现状的个案研究［J］．高等教育研究，2017，38（8）：34-41.

［12］杨守鸿，张馨月，杨聪林．教师党支部建设促进高校基层治理的理

论与实践研究［J］. 高等建筑教育，2022，31（05）：177-183.

［13］赵振岗，李杰. 新时代高校教师党支部建设的路径［J］. 沧州师范学院学报，2021，37（04）：12-14，55.

［14］罗永忠. 新时代高校教师党支部规范化建设研究［J］. 学校党建与思想教育，2020（21）：44-46.

［15］付德波. 新时代高校教师党支部建设的机遇、方向与路径［J］. 中国高等教育，2020（2）：34-36.

［16］谢晓娟，王晶晶. 理想信念教育的理论依据与路径选择［J］. 沈阳师范大学学报：社会科学版，2018（1）：1-5.

［17］张瑜洪，李丹颖. 全面落实新时代党的建设要求推进全面从严治党向纵深发展——访水利部直属机关党委常务副书记刘学钊［J］. 中国水利，2017（24）：38-39.

［18］刘青山. 不忘初心，建设新时代国企国企国资系统学习贯彻党的十九大精神［J］. 国资报告，2017（11）：70-75.

附　录

附录一　问卷调查

尊敬的教师党员：

为了更好地了解您对教师党支部纪律建设的期待和需求，我们诚挚邀请您参与本次问卷调查。您的意见和建议对于我们制定和完善相关制度具有重要意义。请您认真填写以下调查内容，谢谢！

1. 您对当前教师党支部纪律建设的整体评价是？

（1）非常满意（ ）

（2）比较满意（ ）

（3）一般（ ）

（4）不太满意（ ）

（5）不满意（ ）

2. 您认为当前教师党支部纪律建设存在的主要问题是什么？请列举您认为的三个问题。

（1）____________________

（2）____________________

（3）____________________

3. 您希望在教师党支部纪律建设方面加强哪些方面的工作？请列举您认为的三个方面。

（1）____________________

（2）____________________

(3)________________________________

4. 您认为在纪律建设过程中，党员教师应承担哪些具体责任？

____

____

5. 您对于教师党支部纪律建设的未来发展有何期待？

____

____

6. 您对于改进和完善教师党支部纪律建设制度有何建议？

____

____

7. 您是否愿意参与教师党支部纪律建设的相关工作？

(1)是( )

(2)否( )

8. 您的其他建议或意见：

____

____

感谢您抽出宝贵的时间参与本次调查！您的意见对于我们提升教师党支部纪律建设工作具有重要意义。

附录二　党员、群众需求调研问卷样本

一、调研目的：

本问卷旨在了解党员、群众对党支部工作的期待和需求，以便更好地指导和改进党建工作。

二、调研对象：

党员、群众

三、调研内容：

1. 您对当前党支部的工作满意度如何？

（1）非常满意（ ）

（2）比较满意（ ）

（3）一般（ ）

（4）不太满意（ ）

（5）很不满意（ ）

2. 您认为党支部在服务党员、群众方面存在哪些不足之处？请具体说明。

____

____

3. 您希望党支部在哪些方面进行改进或加强工作？

____

____

4. 您对党支部的工作重点和方向有何建议？

____

____

5. 您认为党支部应该如何更好地与党员、群众沟通交流？

____

____

6. 您对党支部的未来发展有何期待？

____

____

调研须知：

请您如实填写以上问题，并根据您的真实想法提供详细的回答。您的意见和建议将对我们改进党建工作起到重要的指导作用。感谢您的参与！

说明：

请您在每个问题后面的空白处填写您的答案或选择适当的选项。您的个人信息将被严格保密，仅用于调研目的。感谢您的配合！

（3）________________